玄関と「ゆったり階段」

自然の光をとりいれた子ども部屋

自然の素材を生かした
洗面所とトイレ

通気を考えた「欄間」

樹齢500年の木を使ったカウンター

上棟式

地鎮祭

森が現れたかのような上棟の様子

職人と心を合わせて「いい住まい」をつくる

光、風の流れを計算に入れたリビング

「お施主様」とともに

棟梁と「お施主様」

いい住まいは「間取り」と「素材」で決まる

現役上場工務店社長
窪寺伸浩

あさ出版

はじめに

私たちの人生にとって「住まい」は、切っても切れない存在です。どんな人も、なんらかの「住まい」の中で生活しています。

しかし、この住まいの重要性について、なかなか自覚的に捉えることが難しいのが現状です。「住まいは、人生の器。人生の舞台である」。これが意味することを知る人は多くはありません。

人生において、住まいの選択は三つあります。

第一の選択は、それを**「借りる」のか、「買う」のか**の選択です。「賃貸」で生活するか、買って「所有」として生活するのかの選択です。

第三の道はあるかもしれません。親の所有する、あるいは借りている住まいに、住み続けることです。しかし、これは親との死別をもって、終了となります。

次の大きな選択は、どんな形態の住まいを選ぶか、です。つまり**「マンション」を選ぶのか、「土地付き一戸建て住宅」を選ぶのか**、です。

私は今年57歳になりました。人生の6割強は「土地付き一戸建て住宅」に住んでいます。残りの3割強は「マンション」に住んでいます。

マンションに関しては、マンションの管理組合の会議議長を長年やっているので、裏事情をよくわかっているつもりです。区分所有者の老齢化。マンションは時間が経てば経つほど、大規模な改修工事が必要となり、修繕積立金を積み増さなければならないこと。そして何よりも建替え含め、何事も自分の意思で決められないこと等々の問題があります。

マンションを選ぶか？　戸建住宅を選ぶか？　本書は、戸建て住宅を選択する方々を想定しつつ書かれています。しかしマンションがダメで、戸建て住宅が良い、といった単純な論調の本ではありません。

もっと根本的な、住まいとは何か、という問題について一緒に考えていただく内容となっています。

マンションを選ぶ方々には、その選択の理由があります。職場へのアクセス、教育への配慮、豊かな都市生活を楽しむ価値観、安全性などなど。それを否定するものではありません。

しかし、大都市を中心としたマンション生活の果てに来るものは何でしょうか？と私は考えざるを得ないのです。

人間は自然の一部であり、**自然を取り入れた住環境、生活こそが、人間をもっとも落ち着かせ、安定させる**のです。

住まいの中の自然とは何か？　それは自然素材である木材や珪藻土などに囲まれているということもあるでしょう。

しかし、もっと大切なことは、**太陽の光や新鮮な空気を、どう取り入れるか**、なのです。

マンションやたとえ、土地付一戸建てといっても分譲型の規格住宅では、この自然を取り入れることには限度があります。

本書のタイトルが示すように、「間取りプランニング」が重要なのです。

第三の選択は、**「規格住宅」か、「注文住宅」か**、です。

住まいを、ほんとうの意味での人間が住む住まいにすること、そして、それを、住む人の「幸福を生む住まい」に昇華することこそが、本書の大眼目です。

マンションを求める方、注文住宅を求める方、分譲住宅を求める方、既存住宅を求めてリフォームする方、中古マンションを買ってリノベーションする方――住まいに興味のある方、真剣に住むことを考えているすべての方々のために、本書を執筆いたしました。

クボデラ株式会社代表取締役社長　窪寺伸浩

第1章 間違いだらけの「住まい」づくり

第2章

「住まい」が健康に及ぼすもの

第3章 「住まいづくり」は「間取り」で決まる

第4章

「住まい」をつくるのは誰？

第5章 木と自然を使った「住まい」を

第6章 【事例】幸せを生む「住まいづくり」

終章 私たちの仕事のやり方、手順について

第1章

間違いだらけの「住まい」づくり

「住まいづくり」の大きな誤解

人生を決定づける要因として、いかに「住まい」が大きいか。そのことを自覚している人は意外なほど少ないものです。

家族関係、健康、住む人の精神状態、性格、人生観、価値観、恋愛観……、さまざまなものに深い影響を与えているのが「住まい」です。というと、ただちに納得される方は少ないかもしれません。

睡眠時間を含めて、人生の一番長い時間を過ごす場所なのですから、当然と言えば、当然です。

しかし、**多くの人々の「住まいづくり」は、一番重要なことをしっかり考えていないため、たいてい失敗しています。**

どんなに大金を使っても、どんなに耐震性が優れていても、どんなに著名な設計家によって設計されていても、どんなに自然素材がふんだんに使われていても、良い「住まい」とは言えません。

「住まい」とは何か？

「住まい」を求める目的は何か？

「住まい」を求める人も、「住まい」を提供するハウスメーカーや住宅業者の人々も、この問いに明確に答えることのできる人は少ないと思われます。

ほとんどの方々が「住まいづくり」は住宅を新築することが目的であり、引っ越しして完結だと考えがちです。

しかし、実は「住まい」とは、ほぼ一生付き合っていかなくてはならないものです。完成して引っ越すことは始まりに過ぎません。

今、「住まい」を建てよう、買おうとしている人が考えている関心事は、現在は重要なことかもしれません。しかし、5年、10年という視点に立ってみるとたいしたものではない場合が少なくありません。

「坪いくらで建てられるのですか？」

「耐震基準を満たしていますか？」

「オール電化がいいですか？　ガスがいいですか？」

「システムキッチンはこれくらいの予算のものがほしいのですが」

「高気密高断熱の家がほしいです」等々。


「たいしたものでない」ばかりか、逆に、**長い時間軸の中で見るとマイナスに作用する場合も往々にしてあります。**


この時間軸の長さが「住まい」を求める目的、住宅観を問うのです。

あなたの「住まい」を求める目的、住宅観が、5年、10年、20年という長い時間に耐えられるかが、あなたの求める「住まいづくり」が成功するか否かを決めてしまいます。


では「住まい」を求めるほんとうの目的とは、何でしょう？

驚くほど短い「住まい」の寿命

「住まい」は壊れる物ではなく、壊される物です。

世の中では、「100年住宅」「200年住宅」を目指そうと、官民ともに声高に叫ばれています。

しかし、地方には100年、200年を超える民家もありますし、都会でも築60年を経過する家々もあります。

「100年住宅」「200年住宅」という発想は、日本の住宅がわずか20年余りで立て替えられているという現実、そして、「住まい」をあくまでも「建物」としてしか捉えていない、狭い考えから生まれています。

住む人も、住宅供給者であるハウスメーカーや工務店さえも「住まい」が20数年で建て替えられているのは構造的に立ちゆかないから、と考えているようです。

ですから、それを補うために構造的に強い、太い柱や土台を使うといった解決方法によって、「住まい」を長期優良にしようというのです。

しかし、「住まい」は壊れる物ではなく、壊される物です。

富裕層の方々が暮らす東京・田園調布での**「住まい」の平均寿命は、なんと約11年6カ月**といわれていた時代があります。ちなみに、地方都市での「住まい」の平均寿命は約23年10カ月です。

これは、「住まい」の平均寿命が構造的な問題ではないということを如実に証明しています。

最近の住宅は住む人の虚栄心をくすぐり、そこに住む人たちは虚栄の人生を歩み出します。そのような生活は、家庭の破綻にもつながります。

「住まい」は壊れる物ではなく、壊される物であるという言葉のほんとうの意味は、人間らしい生活、幸福な家庭生活を満たすことができない「住まい」に住むのは20年が限界ということなのです。

「住まい」が20年しかもたない理由

「住まい」の寿命が20年余りということは、その**「住まい」が、建てたご夫婦の世代で終わってしまっている**ことを示しています。

つまり、その夫婦の世代の個人的な「住まい」になっているがゆえに、平均20年余の寿命しかないのです。

しかし、その前の世代、つまり親世代、その後の世代、つまり子世代を入れれば、60年から70年の長さになります。

現代の日本においては、建物としての「家」ではなく、家系、家名の「家」という単位がほとんどなくなってしまいました。

この「家」という言葉は、「家族」という言葉とはニュアンスが異なります。「家族」という観念では時間が短いのです。親よりもっと先の「先祖」という観念もなければ、子どもよりもっと後の「子孫」という観念もありません。

生命をつないでいくという思いがなくなれば、当然、「住まい」も一つの世代で終わってしまいます。

また、住宅供給者にとっても、「住まい」という商品が１００年も２００年ももってしまったら、商売あがったりです。キッチンや風呂等の機能性が重視される住宅設備に興味を持ってもらうことによって、テレビや冷蔵庫等の家電商品、あるいはパソコン、あるいは自動車といった一般的な商品の購入の延長線上に「住まい」を位置づけているのです。

住み手も住宅供給者も、「住まい」の目的、役割を知らないから、20年しかもたない、20年の生活しか考えていない「住まい」を建ててしまうのです。

構造、機能、デザインよりも大事なもの

このようなたとえ話があります。

「視力の合わない眼鏡がどんなに高級な素材でつくられたレンズでも、十八金のフレームでも、それだけでは役に立たないのと同じように、構造、機能、デザインがどんなに立派でも、使う人、住む人の真の要望を知らずして、その住まいが、ほんとうの役割を果たすことはできません」

どんなに立派なデザインと素材を使った眼鏡のフレームがあっても、かける人の視力にレンズの度が合っていなければ、その眼鏡は使えません。

このことは誰もが理解できますが、**「住まい」のこととなるとよくわからなくなります。**「住まい」は単なる「建物」、極論すれば「雨露をしのぐ箱」で、誰が住んでも同じという考えが根っこにあるからです。

「住まい」において構造、機能、デザインが優れているのは実は当たり前のことで、ことさら業者が「ああだ、こうだ」と宣伝することではありません。

「住まい」の本質や役割を知らない業者が「住まい」を商品として売り込むために、構造、機能、デザインをことさら重要なこととしてアピールしているのです。

そのような**ハード的な価値がいくら高くても、それは良い「住まい」の必要条件であっても、十分条件ではないのです。**

多くの住宅供給者（ハウスメーカー、パワービルダー、町場の工務店等）が「わが社の住宅の特質は……」といってセールスすることのほとんどが、このハード的な価値だけで発せられていると言っても過言ではありません。

そして、また、「住まい」を求める側の興味の対象も、残念ながらハード的なことばかりなのです。

それは、どうしてなのか？

答えは簡単。わかりやすいからです。目に見える分野、手で触れる分野だからです。

それでは、眼鏡における「視力補正」や「度数」にあたるようなものは、「住まい」では何でしょうか？

それは、「ソフト的な価値」です。

重要なことは、住む人の家族構成、年齢、性別、性質、趣味、嗜好、人格を知って、「住まい」が建つであろう敷地（環境）の中で、住む人が幸福になる「住まい」をどうつくっていくかなのです。

なぜ住宅ローン破綻が起きるのか

住宅ローン破綻の原因は、どこにあるのでしょうか？　日本人の多くは真面目に働いて、自分の「住まい」を求めている方がほとんどです。

破綻の原因には外的要因、勤務先の会社の倒産やリストラなどがあるかもしれません。しかし、実は、それだけではない原因があるのです。自分の収入以上の「住まい」の規模、設備を求めた結果による場合です。

しかも、それが**建て主だけの責任とは限らない**のです。「住まい」を提供する側が、自社にとって都合の良い住まいづくりをしている場合、このような事態が起こることがあります。

つまり、より多くの売上がほしい場合、**必要以上に広い間取りをつくったり、必要以上に高価な設備や、建築素材を、購買欲をくすぐるようなかたちで売りつけること**

が往々にしてあるのです。

住宅供給業者にとって、住まいづくりはビジネスであり毎日繰り返されることです。しかし、建て主にとって、住まいづくりは一生に一度のことです。

当然、「つくり手」である住宅供給業者と「住み手」である建て主の間には温度差があります。

ビジネスそのものは悪いことではありません。しかし、ビジネスとしてしか住まいづくりを考えていない業者であれば、業者にとっての都合の良い住まいづくりになってしまいます。

一生を担保にして得た貴重なお金が、「住まい」の本質を知らない、儲け主義の業者に無駄遣いされるとしたら、ほんとうにもったいないことであり、恐ろしいことです。

住宅ローンという、まさに自分の一生を担保にして借りたお金で建てた「住まい」で病気になったり、家族が不和になったり……。しかし、そんなひどいことが実際に起こっているのが現実なのです。

富裕層の方々が暮らす東京・田園調布における「住まい」の平均寿命は約11年6カ月と言われています。

あなたは、不幸になるために「住まい」を建てるのでしょうか?

第2章

「住まい」が健康に及ぼすもの

「夏涼しくて、冬暖かい」住宅がもたらすもの

「お相撲さんは、どこの出身者が強いと思いますか？」

「住まいの勉強会（ホーミー教室）」で、私はこんな質問をします。今ならモンゴルという答えが返ってきそうですが、昔は北海道です。

ちなみに、インターネットで「横綱　北海道」で検索すると、「北海道出身の横綱一覧」という記事が出てきます。

そこには「北海道出身の横綱は8人で全都道府県中最多であるが、北勝海の引退を最後に北海道出身者の横綱はもとより、大関も誕生しておらず、北海道相撲界の地盤低下を心配する声も聞かれる」と書かれています。

大鵬、北の富士、北の湖、千代の富士、北勝海、大乃国。相撲に興味のない方であっても、一度や二度は聞いたことのある横綱の名前でしょう。

平成30年3月場所の番付を見ると、幕内にすら、北海道出身者がいません。しこ名

に「北」が入るのは、北海道出身を意味するのですが、最近は、その「北」を名乗る力士を見ることがなくなりました。

私の仮説はこうです。

「高気密高断熱住宅に住むようになって、北海道の人々は新鮮な外気が不足して、身体的に弱くなって、強い相撲取りがいなくなった」

私にも何人かの北海道の友人がいます。冬、東京に来ると、口を揃えて「東京は寒いね」と言うのです。

北海道は日本列島の最北に位置し、一番寒いところという印象があるのですが、今や北海道の日常は、高気密住宅によって寒いどころか「真冬でも部屋の温度を上げて、半袖シャツで生ビールを飲む」ほどの快適さということです。

力士は、巨大な身体で瞬発力を発揮するために、心臓や肺に新鮮な空気が必要です。北海道のような寒冷地で、冷たい新鮮な空気を吸うことによって名横綱は生まれてきました。

しかし、その「住まい」の環境を、「真冬でも生ビール」がキャッチフレーズというわけでもないでしょうが、新鮮な外気の不足する「高気密高断熱住宅」という環境に変えてしまったのです。

「夏涼しくて、冬暖かい」ことは決して悪いことではありません。

ですが「夏は暑く、冬は寒い」という自然の状態と対立するものであると「不自然」を生んでしまいます。

この「不自然」の弊害は、結露を起こしやすくし、カビやダニを発生させます。ダニの死骸などによって、アトピー性皮膚炎、ぜんそく、アレルギー等の症状を引き起こすことになります。

その上、**新鮮な空気を「住まい」という環境から遮断することによって、住む人の心臓や肺を弱める結果にもなってしまう**のです。

「高気密高断熱住宅」は万病を呼ぶ!?

そもそも「省エネ」を目的とした「高気密高断熱住宅」はそのイメージが徐々に一人歩きして、あたかも素晴らしいシステムのように評価されてきました。「高気密高断熱住宅」を単純化すると、外気を遮断して、室内の温度を一定化するということです。

しかし、室内にホルムアルデヒドのような有害物質があったら、室内の空気の状態はたちまち汚染されてしまいます。**シックハウス**です。

このシックハウスの問題は、主に住宅建材に使われている接着剤の中の化学物質の問題になってしまっています。化学物質が規制の対象になったのは当然です。

しかし、それ以上に、その**有害な物質が室内にとどまってしまう環境の方がより問題**だと思うのです。

外気を遮断して一定の温度の中で、有害物質を揮発させる新建材と共に生活する、これが現代住宅です。

このシックハウスの解決のため、24時間換気が義務づけられました。

ですが、おかしくないでしょうか。

「省エネ」のために「高気密高断熱住宅」をつくり、空気が汚染されたことがわかると、24時間強制換気する。今度は換気するための電力がもったいない。

それならば、自然換気、通気の工夫をした方がよかったし、そもそも「高気密高断熱」などというシステムに乗り換えなければよかったのです。

従来の日本の自然環境（当然、地方によって違い、その地方に合った工夫がなされるべきです）に合った、軸組工法と間取りプランの研究によって、新鮮な空気を「住まい」という環境の中に取り入れることは可能ですし、それこそが本道です。

「高気密高断熱」「シックハウス」「24時間強制換気」は、まさに三題ばなしです。「住まい」を一つの局面からしか見ないで、あれこれいじくりまわした結果、とんでもない事態を引き起こしたとしか思えません。

「高気密高断熱住宅」は、さまざまな病気を呼び起こします。

「密閉住宅」による酸素不足で発症する病気はガン、脳卒中、心臓病などがあげられます。

特に、睡眠時には気をつけなくてはなりません。空気が循環せず、重い二酸化炭素が部屋の下の層にたまってしまい、酸素不足になりがちです。

寝おきが悪い。安眠ができない。寝ても疲れがとれない。それは、寝室の室内環境に問題があるのです。

「住まい」は「建物」ではない!?

多くの人は、「住まい」を単なる「建物」と考えています。

「住まい」イコール「建物」という固定観念は非常に根強く、「住まい」が住む人にさまざまな面で影響を与えるという知識がないために、「住宅なんて、何でも同じだ」と建て売り住宅を衝動買いされる方々がいるのです。

「住まい」イコール「建物」という観念には、そこに人間が住んで生活するという考

え方が欠落していることが多々あります。

たしかに、物や自動車を入れる倉庫だったら、物や自動車をよりよく保存するのが目的ですから、それに合った「建物」でも良いわけです。

しかし、**人間は、物や自動車とは違います。**

人間が住むという考え方が欠落してしまうと、例えば倉庫のようなコンクリート打ちっぱなしの「住まい」になっても良い、ということになります。デザイン性だけを重視するあまり、住んでみると不便な「住まい」が往々にしてあるのです。

また、地震や津波という大天災が問題になると、新たにシェルターのような建物が考案されたりします。それが間違いというわけではありませんが、「住まい」の持つ多様な側面に無理解で、耐震性などに特化させてしまうと、シェルターのような建物になってしまうのです。

「住まい」は環境である

今や、「環境」という言葉を、私たちが目や耳にしない日は一日もありません。オゾン層の破壊、地球温暖化、地殻変動による大地震等々、地球レベルの環境問題はよく話題にされています。

当然、日本の国レベルの環境問題も日々、話題に上ります。

例えば、福島第一原発事故によって放射性物質がどこまで飛んだのか？　被曝量がどれほどあるのか？　そして、それが地下水や土壌、農作物等にどのような影響を与えているのか？

地域レベルでも、環境問題はよく話題になります。例えば、東京でもA区の方がB区よりもセシウム検査量が多い等々。

しかし、それらのレベルの環境が問われ、話題になっても、日常生活における環境については意外なほど問われていない現状があります。

日常生活における環境、人間にとって最も身近な環境は、「住まい」なのです。

どんな忙しいビジネスマンでも、寝るという行動、生活様式は、「住まい」という環境の中の、さらに小さな寝室という小環境の中での影響を受けます。

主婦や子どもたちは、毎日のほとんどを、そして長い年月を「住まい」という環境から影響を受けています。

身体の健康だけでなく、人格や性格という精神面にも、「住まい」が影響しているのです。

辞典で、「環境」という言葉を調べてみると、こんなことが書いてあります。

「そのものととりまく外界。〔それと関係があり、それになんらかの影響を与えるものとして見た場合に言う〕」（『新明解国語辞典』第四版、三省堂）

「住まい」という環境は、人間によってつくられ、人間そのものも「住まい」という環境によって影響を与えられているのです。

現代住宅はシックハウスそのもの

2003年、国土交通省は「シックハウス」に関する法律を施行しました。これはまさに**政府が現代住宅を「シックハウス」、つまり「病気住宅」「不健康住宅」と認定した**ことになります。

国土交通省は建築基準法の改正を行い、国民に住宅環境改善の義務付けをするようになりました。国民のプライバシーである家庭生活に干渉せざるをえないほどに、現代住宅の環境が汚染されているのです。

しかし残念ながら、状況はほとんど改善されていないのが現実です。なぜなら、健康のために良い「住まい」が人々にしっかりと認識されていないからです。

「住まい」によって、さまざまな病気が引き起こされています。

ところが、一般的には住宅で使用される新築材などに含まれるホルマリンなどの化学物質に問題があり、化学物質過敏症という特定の体質の人の問題にすり替えられるきらいもあります。

化学物質の問題だけではありません。「高気密高断熱」をうたう「密閉住宅」によって引き起こされる空気の汚染にも大きな問題があるのです。

アトピー、ぜんそく、偏頭痛、冷えによるさまざまな病気、生理不順、ホルモン異常……身体だけではなく心の病気、情緒不安定、鬱などの病も、「住まい」によって引き起こされています。

現代住宅はまさしく「シックハウス」なのです。

寝室の空気汚染

どんなに忙しい方でも、「住まい」には寝るために帰ってきます。**誰もが、寝ている数時間は確実に寝室という「住まい」の環境の影響下にあります。**

成年男女が1時間に吐き出す二酸化炭素の平均量は、昼間の軽作業時で17リットル。睡眠中でも8・4リットルも吐き出されています。

会議などで閉めきった部屋にいると、頭が痛くなった経験はありませんか。それは酸欠が原因です。会議に参加している人たちの二酸化炭素を吸っているのです。

「住まい」の自然換気は、外部の風速が1メートルで、「住まい」の内部と外部の温度差が5度の場合、鉄筋コンクリートで0・3〜1・0回、木造大壁で0・5〜3・0回、板張りで1・5〜4・5回、木製建具使用の和風住宅で3・0〜5・0回といった、換気がなされると言われています。

木製建物使用の和風住宅は、すきま風を含めて、空気の流れは良くなされます。健康には非常に良いです。しかし、寒い。

日本の気候は高温多湿が基本です。そのため、平安時代の昔から、日本の住まいは「夏を旨とせよ」と言われてきました。いかに内部の湿気や暖まった空気を外に出し、冷たい新鮮な空気を外から内に入れるかを考えてきました。

今日の住宅の換気は、その逆の発想にあります。

寝ている時に、換気はできません。息苦しくなったから、いちいち窓を開けていては、安眠もできません。機械による換気に頼っていては、うるさくて安眠できません。

寝室は、空気の汚染という脅威にさらされているのです。

コンクリートの住環境がもたらすもの

静岡大学で生活環境に関する、マウスの実験が行われました。

マウスのつがいを同一の環境下で、木製、金属製、コンクリート製の箱の中に住まわせて、これらの異なる「住まい」がどのような影響を与えるかを調べました。

まず、「生存率」。生まれた子マウスたちが23日後に何匹生き残っているのかという実験です。

木の箱の「生存率」は、85・1パーセント。

金属製の箱では、41パーセント。

そして、最下位の**コンクリート製の箱では、「生存率」が6・9パーセントしかありませんでした。**

木の環境とコンクリート環境では、これほどの差があるのです。

「生存率」もさることながら、個体の臓器の成長ぶりにも大きな差がありました。金属製、コンクリート製は、木製に比べると、卵巣が40パーセント、子宮が50パーセント、精巣にいたってはわずか25パーセントしか成長しないという結果が出ています。

どうして、このような結果が出たのでしょう？

一番考えられる要因は、木製に比べると、金属製、コンクリート製ともに**「体温を奪い、冷える」**ということです。

金属製の場合は、マウスが壁面に寄り添えば暖かくもなります。しかし、コンクリート製の場合は、熱そのものを奪うことになります。

一方、**木製だと、温もりがあり、熱を奪われにくい**のです。また、マウスが汗をかいても、木そのものに吸湿性があるため、マウスの体力の消耗につながらないのです。

例えば、母マウスが子マウスに乳を与える時、鉄製やコンクリート製の場合、冷えがあるため短時間しか横になることができず、子マウスは母乳を飲むことがあまりできません。

それに対し、木製の箱では暖かいので、母マウスもゆったりと子マウスたちに乳を与えることができるのです。

コンクリート製の箱の中では、子マウス同士のケンカ、子殺し、育児放棄をする母マウスなどの現象があらわれてくる、とのことです。

現代社会で急増しているいじめ、いざこざ、子殺し親殺し、育児放棄（幼児虐待）といった社会現象も、コンクリート製の「住まい」から生まれてきたと言えるのではないでしょうか。

木こそ健康の秘訣

マウスの実験に携わった有馬孝禮先生（元・東京大学名誉教授）は次のようにことわっています。

「これはあくまでマウスの実験であって、マウスに出た結論で、人間のことではないですよ」

人間でマウスのように「住まい」と生存率の関係を、また臓器の成長度合いを実験することはできません。しかし、「マウスに悪いことは、人間にも悪い」という「仮説」を立てることは当然のことです。

ただし、権威ある大学の先生が「人間の住環境としてコンクリートは不適格である」という意見を述べたら、社会的問題になることが目に見えています。

今日の学校、マンション、オフィスビルなどの大型の建造物は、ほとんどコンクリートによるものです。それを否定したら、大多数の人々の生活をおびやかすことになります。

「コンクリート住環境にいる人間は、早死にする可能性がある」などという結論が出たら「シックハウス」や「耐震偽装」以上の社会問題になるかもしれません。

今日の日本の住宅、建築業界及び行政の在り方にまで、批判、非難が集中するでしょう。

一方、有馬先生は、マウスの衝撃的な実験結果に対して救いとなる実験結果も出しています。

コンクリート製や金属製の箱の中に、木の板を貼ることによって、木製の環境と同じような結果が出たというのです。生存率も個体の臓器の成長ぶりも、ほぼ同じような結果が出る、というのです。

つまり、**「目に見えて、手に触れられる」ところに木を使うことが効果的であり、重要なのです。**

マンション住まいの人でも、鉄筋コンクリートの校舎でも木質化（木質内装化）することによって、環境の質を変えることができるのです。これは一つの朗報ではないでしょうか。

また、**身の回りに植物を置くことも有効です。**

六畳一間のアパートで暮らす人もいるでしょう。ひと鉢でもいいから植物を育てることをおすすめします。

「住まい」は社会の縮図

人間の寿命は長いため、「住まい」という環境からどのように生理的、心情的に影響を受けるかということは、マウスの実験と違って、そう簡単には証明できません。

しかし、生理不順、不妊症等が、今日の住宅による「冷え」の問題に何らかの影響を受けているとは推察できます。

また、子どもがいても、引きこもりになったり、親子間の断絶が起きたりするのは、「住まい」の「間取り」に原因があります。

親子が集う場、親が親としている場、子が子としている場をつくっていないことが問題なのです。

家庭は、最も小さな社会です。「住まい」は、その社会の器です。

子どもは「住まい」の中で、社会のルールを学びます。父親は父親としての、母親は母親としての、子どもは子どもとしての、差別ではなく、区別、秩序を学ぶのです。

家庭のルールとは、昔風に言えば、「躾」です。

いじめ、引きこもり、家庭内暴力、あるいは親殺し、子殺しなどといった問題も、「住まい」の間取りの問題、家庭という最小社会でのルールの学習不足によるものと考えられます。

「住まい」の環境が人格をつくる

私は「住まいの勉強会」の中で、こんな質問をします。「水を出す動作をジェスチャーでしてみてください」と。

大概の人は、蛇口のコックをひねる、くるくる回す仕草をします。しかし、「ほんとうですか? よく、ご自分の住まいのことを思い出してください」とお聞きすると、「あっ、そうだ。ウチはレバー式だ」という方がよくいます。

コック式のひねる動作をされるのは、今の生活様式ではなく、過去の、特に子どもの頃からの動作、生活様式が無意識の中に出ている場合があるのです。

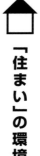

今では、レバー式で水道の水を出すのではなく、手を差し出せばセンサーが感知して自動的に水が出るタイプのものが、公共の場だけでなく、「住まい」にも普及しているのではないでしょうか。

コック式の蛇口をひねって水を出すタイプ。レバー式で水を出すタイプ。センサー感知式で手を出すだけで、水を出すタイプ。

さて、この三つの機能はどこが同じで、どこが違うのでしょう?

「水を出す」という目的、機能は同じです。しかし、前二者は、水を出そうとする人の意図を人間の側で調整するのです。もちろんセンサー式でも、手を出すという意志と動作、手をひっこめるという意志と動作によって水を出したり、水を止めたりしていると言えるかもしれません。

しかし、前二者は水の量を調整することができます。コック式ならば指の動かし方一つで、出したい水の量を微妙に調整することができます。さらに水を出すのをやめるということ、つまり後始末も自分の手と指で行わなければなりません。

コック式の蛇口で水を出したり、止めたりすることをし続けた子どもと、センサー感知式で水を出したり、止めたりした子どもとでは、将来、どんな違いが出てくるのでしょうか?

こんな「住まい」に住む子どもを想像してください。

人体感知式のセンサーで電気をつけることも消したこともない。バスタブの中で、お湯にゆっくりつかりながら壁面についているテレビを見ている子ども。好きな番組が終わるまで、1時間も、2時間もお風呂に入っていたとしたら……。

「住まい」には、生活上必要な機能がついています。

しかし、**「便利さ」を追求するあまり、その機能は本来の目的から逸脱し、便利さを通り越して、住む人の社会性や、生命の機能を低下、ぜい弱にしてしまうのです。**

人というものは、その行動が生活様式になり、生活様式が生活習慣になります。生活習慣から性格がつくられます。

その性格が、その人の人格をつくります。そして、やがて運命、人生まで左右していくのです。

世界から絶賛された日本の住まい

アメリカの、環境心理学の世界的権威だったエルズワース・ハンチントン博士は、住宅が人間にとって極めて重大な役割を持っていることを強調しました。

「住宅は人間にとって中心的な生活環境であり、その環境作用は、家族の運命を左右する原因となりかねない」という主旨のことを説いています（『気候と文明』岩波文庫）。

1938年には来日して日本の民家を視察し、「日本人の優れた民族性は、その住まいの環境で培われた。やがて、この民族は世界のリーダーシップをとるだろう！」と絶賛しました。

世界有数の経済大国になる原動力となった**日本人の感性や情緒や知性は、豊かなる四季と、自然と調和した素朴な民家によって培われてきた**のです。

しかし現代、日本の住宅は洋風化され、かつてハンチントン博士が絶賛した住環境が失われています。それによって、日本人の優れた民族性も失われつつあります。「高気密高断熱」の「密閉住宅」、機械換気に頼る室内空調では、豊かな人間性、正しい分別を持つ人格も、勤勉な精神、忍耐力も育まれるかどうか、はなはだ疑問です。

リフォームは住まいの環境を改善するもの

テレビでリフォームのビフォー・アフターの劇的な変わり様を放映したり、大手ハウスメーカーが、新築に匹敵するようなリフォーム工事を事業として大々的に打ち出したこともあって、リフォームというものは、社会的認知を得ていると思います。

そもそもリフォームとは何なのでしょうか。

昔風に言えば、大工・工務店が行う営繕や増築増改といったところでしょう。

さらに「住まい」の維持にかかわる小規模なさまざまな工事といったところでしょうか。「棚一つつけてちょうだい」とか「押し入れをつぶして部屋を広くしたい」などの要望に応えて行われた「営繕仕事」が、いつのまにかリフォームになってしまったのです。新築の現場は、長期的安定的な仕事を大工・工務店に与えてくれます。一方「棚一つつけてちょうだい」といったリフォームの仕事は短期間で不安定で、大工・工務店も、後まわしにしてきたような気がします。しかし住む人にとって、棚一つつけることも、重要なことであるのは言うまでもありません。

新築を中心にしてきた住宅産業界、大は大手ハウスメーカーから小は地場の大工・工務店まで、新築こそがビジネスの中心にあり、商売のタネでした。しかし、日本の社会が少子高齢化したり、未婚の男女が増えたり、さらに経済そのものが停滞していく中で、住宅を求める人が減っています。住宅産業の経済指標である新築着工数が100万戸割れとなってからすでに何年もたっています。

リフォーム業者は、元々の住宅産業の中核である建築会社や大工・工務店出身でない場合が多いように思えます。それは、建築会社や工務店が新築仕事中心で、お客様（住む人）のさまざまな要望に即座に対応してこなかったからです。水道屋さんやガス屋さんなど急を要する仕事の職人さんが、リフォーム会社を立ち上げているというケースもあります。そして、ここでも、工務店や大工さんが逆に使われているという現状があります。

リフォーム業界も、住宅産業の成り立ちと同じで、「こっちの水は甘いぞ」とか「なんか儲かりそうだぞ」という安易な気持ちで参入する業者も多くあります。

何の効果もない耐震用の金具取り付け工事を常識外の値段で施工する悪徳リフォーム業者、また「床下診断させてください」などといって入り込んで、床下からあたかも取り出したように、虫喰いや腐った木片を見せて、「改修工事が必要ですよ」とか「床下換気が必要ですよ」といって法外な価格のリフォーム工事をする詐欺師のような者たち……。

リフォームを、「住まい」の構造、機能、デザインといった「ハード面」のみの改善とばかり考えると、大きな失敗があります。

例えば便器の前に立てば、便座のふたが開き、立ち上がれば自然に流れる。たしかに便利です。しかし便利過ぎて、人間の本来ある力を弱めて、過保護にしてしまうことにもなりかねません。ちょっとした機能の変更がどんな影響を住む人に与えるのか。生活習慣が変わって、どう人生に影響するのか、ランニングコストはどうなるのか、など冷静に考えてみる必要があります。

リフォームは、今ある「住まい」の環境を変えることになります。「住むこと」の在り方を変えることになります。

当然、住む人のライフスタイルに変化と影響を与えます。

「住まい」という大枠ができているのだから、「棚一つくらい、どこにつけたって大勢に影響はない」と考えるのではなく、一から住まいのことを勉強するくらいの気持ちが必要です。なぜなら、今やリフォームで、新築と同じような金額、規模の工事はいくらでもあるのですから。

リフォーム業者の方々が、住まいの本質を理解しているのであれば良いのですが、現実はどうでしょうか。「住まい」づくり同様に、真剣に良い業者を選びましょう。こんな質問をするのも一つの目安になるかもしれません。

「この会社の親会社や元の事業は何ですか?」「御社の社長さんは、建築業界のご出身ですか?」

その答えから、まったくの異業種からの参入かどうかもよくわかり、住まいとリフォームをどのように考えているか推測することはできます。

リフォームは、「住まい」という環境を改善する事業です。それが「改悪」になってしまうかどうかは、やはり、「住む人」の意志と見識にかかわってくると思います。「棚一つとりつける」のにも、どれほど真剣に自分の人生と環境を考えているかによって変わってくると思うのです。

第3章

「住まいづくり」は「間取り」で決まる

「住まい」と幸せの関係

本書で再三、「幸せを呼ぶ住まい」という言葉を使ってきました。幸福と住まい、常識的に考えると、なんとなく、うまく結びつかないテーマのようにも見受けられます。風水とか家相とかなのかと思われる方もいらっしゃることでしょう。

特に「幸せ」という言葉に抵抗感を持たれる方も多いかもしれません。幸福、しあわせ、ハッピー。誰もがほしく、求めていること。誰もが欲し、求めている状態。しかし何かフランクに言えないし、深く考えていないこと。幸福なんていうと、なんかの宗教ですかと言われそうだし、何か口はばったい、照れ臭い感じがする。当たり前のことを当たり前に言えない。一番価値のある幸福ということに対して、真剣に向き合えない。そんな日本の社会が病んでいることを象徴しているような気さえします。

東日本大震災で、被災地の方々は、仕事を、家を、財産を、車を、船を失いました。そして何より多くの生命を失いました。今まで当たり前だったと思えた事柄、例えば家族がいる、仕事がある、住まいがある、そんなことが、一瞬の津波で押し流されてしまったのです。今まで当たり前だと思っていたことが、実はさまざまな、不思議な、ご縁の上に成り立っていることに気がついたのです。当たり前だと思っていたことが実は「有り難い」こと、有り得ないこと、有り難いから「ありがたい」ことに気がついたのではないでしょうか。

被災していない私たちも、この大震災を当初は謙虚に受け止め、被災地の人々の苦しみをわが苦しみとして受け止めようとしたりもしましたが、今はどうでしょうか。もう他人事になっているし、「今、ここに生きている」ことの不思議、有り難さへの感謝など、また忘れてしまっているのではないでしょうか。

幸福と、幸福感は違います。幸福感は、「ああ、幸福だなあ」と思う瞬間的な感情です。幸福は、永続するものです。永続しなければ、幸福とは言えません。「ああ、あの時が幸福だったんだ」と過去を思ったとしたら、それは悲しいことです。幸福を失えば、ずっと不幸になってしまうという生き方では、人間としては寂しい生き方だと思います。

不幸の芽を取り除き幸福になる努力、工夫をすることは、人間の務めであると思います。同時に、このままで幸福だ、このままでありがたいと感謝できるのも、人間の素晴らしさだと思います。

「住まい」と「幸福」というテーマは、一見結びつかないようですが、「人生は、幸福であること」に価値を置くとすれば、人生の大半を過ごす「住まい」もその延長線にあるべきでしょう。

ですから、「住まい」を求めることは幸福になるためという目的を離れては存在しえません。

この「幸福」になるための「住まいづくり」という考え方は、私自身の専売特許ではありません。私の師である冨田辰雄という、幸福を生む「住まいづくり」に生涯をかけた人物の発案です。

冨田辰雄はこの理念に基づき、数千棟の注文住宅を建ててきました。そして、その理念に共鳴した日本全国の工務店、木材会社、設計者らをたばね「ホーミースタディグループ」という住宅環境研究グループを結成しました。

幸福を生む「住まいづくり」には、答えがありません。

それは住む人一人ひとりが違う個性を持ち、違う家族構成の中で、違う敷地の中で、住まいを建てるのですから、どこかのハウスメーカーのように「幸福を生む住まいA、B、C」といった単純な発想ではありません。

まさに、千差万別です。

住み手とつくり手の双方が真剣に求めない限り、幸福を生む「住まい」は簡単にできるものではありません。

しかし、幸福を生む「住まい」は存在します。

住むことによって、心身が健康になり、家族のみんなが信頼し合い、調和された人間関係になり、子どもたちが健やかに育ち、日々の自然の恩恵を受けられるような「住まい」です。

住む人一人ひとりがしっかりと求めさえすれば、それは実現するのです。

そのためには、しっかりとした「間取り」プランから始めないといけません。

住む人を幸せに導く「間取り」プランとは

冨田辰雄の絶版となった書物から引用させていただきます。

「家庭における中心人物は家族全員がその人を中心に集まり、しかもその人が家事万端をこなす責任者であるということから、一般的にいえば主婦でしょう。

家庭生活にあって、家族の誰もの心身の健康が望まれますが、中でも主婦の健康の良否によって家庭全体の明暗が左右されるものです。（中略）

間取り計画は、家族にとって重要な場所の順に何を求め、どうあるべきかを検討して、位置や広さ、他の部屋との関係を考え合わせて決定することが大切だと思っています。

そこで、住宅における利用目的を大別し、正しい環境の配分できる方法を研究してきました。

根幹――家庭生活で中心的役割を果たす場所。台所、食堂、居間または茶の間
準幹――根幹に準ずる場所。玄関、寝室、子ども室、便所
枝幹――特別の役割や機能ももつ部屋。洗面所、浴室、客間、納戸、その他

このように住まいの要素を三つに分け、それぞれの役割を徹底的に考えながら、**間取り計画（環境配分）**を練りあげていきます。

さらに各部屋各部分の役割を明確にしていきます。例えば、窓の位置や大きさは敷地環境に適応させて考えていきます。自然の恩恵（日照、風通）を効果的に取り入れ、生活の流れに従って自然との関係を配慮します。

また、各室の出入には単に動線の合理性だけでなく、数歩無駄な距離でも物を置く位置や室内環境を考慮に入れます。

この場合、プランナーと施主は目的と役割について確認し、お互いに理解、納得しながら図面化すべきです。つまり設計図は、施主とプランナーの打ち合わせによる、理解、納得の集約でなければなりません」（『棟梁辰つあんの住宅ルネサンス』光雲社）

「間取り」プランとは、家族にとっての重要な部屋の順に、何を求めて、どうあるべきかをじっくりと検討して、位置や広さ、他の部屋との関係を考え合わせて決定していくことです。

「住まい」が永続する条件

第1章でも説明した**「住まい」の寿命が20年余しかない最大の要因は、まずい「間取り」プランにある**といっても過言ではありません。

「間取り」プランは、住む人のさまざまな欲求を「幸福な家庭生活」というほんとうの目的に導くことです。意匠設計とも、単なる設計とも違います。

それは、プランナーが決めたことでも、プランナーの作品でもありません。住む人とプランナーの合作です。

住む人の家族構成、敷地の環境といった要素を加味しなくては、単なる「絵」で終わってしまうのです。

よく設計家の方々が、民間の住宅に、「作品○○の家」などと称している例があります。その方々にとっては芸術的価値、建築的価値のある「作品」であっても、住む人にとってはかけがえのない生活環境なのです。

その「住まい」は、自分たち、家族の思いを反映して建てられた「住まい」なのか？あるいは、ただ高名な設計家の趣味嗜好によって建てられた「作品」なのか？

さらには、住宅メーカーの「商品」なのか？

「住まい」が住む人の思いが込められたもの、10数回や20回もプランを練り直し、住まいづくりに参加し、一つひとつの素材や住宅設備の選択にかかわっているのならば、愛着が生まれ、いつまでも愛情を持って楽しく生活できることでしょう。

飽きのこない「住まい」になるのです。

どんな高名な設計家の先生の「作品」でも、住む人の諸々の欲求、要望を満たしていなければ、はじめは「○○先生」の設計でウレシイとかカッコイイとか自尊心をくすぐられていても、時間がたてばたつほど不満が出てくると思います。

「住まい」は新築時の価値が最高点で、時間とともに価値が下がっていく、という考えが一般的です。

たしかに、外壁の塗装の塗料や屋根などは時間とともに劣化し、補修が必要でしょう。その意味では、時間とともに価値は下がっているかもしれません。

「住まい」を単なる「作品」とか「製品」といった「もの」として捉えるならば、時間とともに劣化し、無価値化していくことは仕方ありません。

しかし、**「住まい」が住む人と共に人生という時間を歩むパートナーとして建てられたのならば、古くなればなるほど価値、風格を増す**ことでしょう。

人間の「老い」は、単なる劣化なのでしょうか？

かつては「長老」という言葉がありました。人生のさまざまな知恵、見識、判断力を備えた老人のことです。老いるということは否定的な現象ではなく、円熟するという意味もあったのです。

「住まい」も、「味わい」を増す、「風格」を増すことがあるのです。

「間取り」プランナーは真の要望を引き出す

「間取り」のプランナーは、著名なる設計者である必要はありません。逆に「自分は自分は……」という我（エゴ）をなくして設計することが大切です。

なぜでしょう？

「住まい」をつくるには、「住む人」の要望がなくてはなりません。しかし、住む人は「住まい」を建てるにあたって、いろいろな勉強をされます。住宅雑誌を見て、あのデザインがいい。この素材を使ってほしい。あるいは休日ごとに、住宅展示場を歩いて、各ハウスメーカーの仕様を見て回ったりしています。さらに、さまざまな専門書を読んで工法の良否も学んでいます。

それらの行為は悪いことではありません。しかし、知識や情報ばかり詰め込んでいても、ほんとうに良い「住まい」はできません。

できないばかりか、住む人の本質的要求、つまり「幸福になりたい」「幸福な家庭生活を営みたい」ということを逆にわからなくしてしまう場合もあるのです。

住む人が「間取り」プランナーに希望することは、そのようにして詰め込んだ知識や情報が一緒くたになったものであることが多いのです。

1回や2回の「間取り」プランの打ち合わせでは、真の要求は出てきません。10数回から20回の打ち合わせによって、ようやく「住まい」を求める真の要望が出てくるのです。

この10数回に及ぶ「間取り」プランの中で、夫婦、親子の要望のぶつかり合いがあります。このぶつかり合いがなければ、住宅ができあがってから不満が爆発することになるからです。

「間取り」プランの中心は、あくまで「住む人」です。プランナーは、潜在的要求、真の要望を引き出す役割です。

だから、プランナーは建築のプロとしてのアドバイスはあっても、プランナーの押しつけがあってはならないのです。

住み手の真の要望を引き出すため、プランナーは我（エゴ）をなくし、夫婦、親子、家族同士の各々の欲求、要望を整理して「幸福な家庭をつくりたい」という、真の要望に導いていくのです。

後悔しないために「間取り」プランに時間をかける

「間取り」プランづくりには、10数回から20回以上の打ち合わせが必要です。そういうと、「そんな時間はない」「面倒くさい。嫌だなあ」とおっしゃる方がいます。たしかに、プランづくりというのは、家族が多ければ多いほど「ああでもない、こうでもない」と結論が出ないことが多いのも事実です。

図面上でのプランの変更は、消しゴムと鉛筆さえあれば可能です。しかし、いったん建ててしまった「住まい」の中で、部屋の「間取り」を変えることは大変お金もかかりますし難事業です。

「住まい」を建ててしまってから、ああすれば良かった、この方が良かったと後悔することは愚かなことです。

建てた工事会社、施工会社ばかりを恨んでも仕方ありません。たとえそれが建て売り住宅であっても、規格プランが数種類しかなくとも、その施工会社と設計を選んだのは、まさに自分自身なのですから。

「間取り」プランの打ち合わせは、すべて対面式でやるのではありません。遠隔地のお客様とは、ファックスやメールでプランを送らせていただく。建て主さんにチェックしていただき、それに基づいて、また新しいプランをつくり提案する。

約20種類のプランは、似たようなものもあり、全然違うものもあります。

プランAとBの違いは「トイレの窓一つの位置をどうするかだけ」といったものもあります。とにかく、細かく可能性を追求するのです。

冨田辰雄は「安らぎのプラン集」として12巻5300パターンを公にしました。それとてすべてを網羅しているのではありません。住む人の要望、家族構成、そして敷地の環境を加味する必要があります。あなたの敷地の中で、幸福を生む「住まい」を追究するのが「間取り」プランナーの使命です。

冨田は、その「間取り」プランを実践的にできる人々を養成するため、昭和56年（1

981年）にホーミースタディグループを設立しました。

「間取り」のプランナーは一級建築士である必要はありません。「住まい」の目的を知り、人生の体験を豊富にした素直な人ならば、誰でもなれるのです。

「間取り」の具体的な相談については、マルトミホームをはじめ、ホーミースタディグループにぜひご相談ください。

それでは、ここから間取りについての基本的な考え方をご紹介してまいりましょう。

家族の健康を左右する【キッチン】

「キッチン」は住まいの「根幹」です。 家族すべての生命を維持し、家族の中心である主婦が最も長い時間いる場所でもあります。それだけに、主婦の健康と家族全員の健康に及ぼす影響力は、はかり知れないほど大きなものです。

キッチンについては、特に真剣に研究し、検討を重ねなければなりません。

あなたは朝日の差し込むキッチンと、いつも暗い北や西側のキッチンと、どちらをお望みですか？

改めてお聞きするまでもなく、**ほとんどすべての方々が、朝日の差し込むさわやかなキッチンをお望みです。**

ところが、中には、そうでない方がいらっしゃるのです。

北側の寒いキッチンや、西側の暗いキッチンで、長年炊事をなさってきた方の中には、「暗いキッチンに慣れていますから、朝日など差し込む明るいキッチンでなくてもけっこうです」と、おっしゃる人がいるのです。

また反対に、朝早くから家の中に陽が入る家にお住まいの方は、「朝の陽も夏場は暑くて困ります。ですから、キッチンは北でも西でもけっこうです」と言われます。

前の例の方は、明るいことがどんなに素晴らしいかをご存じない方であり、次の例の方は、暗いキッチンのわびしいことを知らない方です。

しかし、そのようにおっしゃる方も、実際に朝日の入るキッチンや暗いジメジメしたキッチンをご経験になると、「やっぱり朝日がいい」と、決まっておっしゃるのです。

朝から昼にかけて、つまり午前中の太陽の光には、食物の腐敗を防ぐ殺菌力を持っ

た紫外線が最も多く含まれているといいます。

また、生気みなぎる朝の日差しは、主婦にとって、このうえない目覚ましであり、活力剤です。

冬の厳しい寒さが身にしみるキッチン、夏の湿気と暑さに蒸される台所、主婦のストレスはこのようなキッチンで最も起きやすくなります。

主婦のストレスの温床ともなりがちなキッチンの環境の良し悪しは、精神衛生ばかりか、肉体的なストレスの原因ともなりかねません。

主婦の不健康は、即、家族全員の不健康につながります。

キッチンは家族の健康、そして生命を大きく左右します。

食物を扱う所ですから、何よりも清潔が第一でなければなりませんが、**キッチンを清潔に保つには、その位置が大きく影響する**という事実をほとんどの人が知りません。

設備や機能性については、誰もが関心を示します。一般の方はそれでも仕方がないかもしれません。

しかし、専門家といわれる人の中にも、設備や機能性のみに目を向け、その位置の大切さを知らない人が多いのです。

キッチンには一体どのくらいの物があるのでしょう？　ヤカン、ナベ、お玉、洗剤などの数え切れないほどの台所用品、それこそ数限りない食器類。それも毎日使うものと、たまにしか使わないもの。お米やさまざまな保存食料、調味料、冷蔵庫に入らない生もの、ここで私が全部並べたてるまでもなく、その種類の多いことは皆様自身が一番よくご存じです。

ちょっと使ったものを、うっかりそばに置きっぱなしにして、ひょっとした拍子に、ひっくり返してしまった。どなたも一度や二度は、そんな経験をお持ちのはずです。「小さい戸棚でもあったら」、そう思って買い込んでみても、今度はその戸棚が原因で、ますます収拾がつかなくなる。

だから、私たちは**「空間を徹底的に利用して、つくりつけの収納棚を徹底的につくりましょう」**とご提案しています。

ですから、私たちがつくるキッチンは、だいたいが収納棚のたくさんあるものになってしまいます。

ただし、むやみやたらにつくっても意味がありません。それぞれ収納するものを考えて、奥行きを変えてつくるのです。

手前のものをどけて、奥にある物を取り出す面倒くささ、煩わしさは、主婦の方が一番よくご存じのはずです。

その他にも、いざという時のために、非常食料などを備えておくスペースも必要でしょう。

いずれにしても、床から壁全面に至るまで考えられる限りの収納スペースを確保するよう計画していただきたいのです。

キッチンの「二段窓」は、主婦の健康を守るために、大変に重要な役割を果たします。

寒い冬には、上の段を少し開けて換気を、春や秋の気候の良い時は、上の段の窓を開け放して新鮮な空気を一杯に取り入れ、夏は上も下も全部開けて、さわやかな風を取り入れる。二段窓にするとしないとでは、その使い分けが何倍も違います。

ガスを扱い、火を扱うキッチンは、いってみれば、家の中で最も危険な場所です。炭酸ガスや一酸化炭素から主婦を守る大切な窓が「二段窓」なのです。

【ダイニング】主婦の声が届くように

家族の一日のスタートは朝食のテーブルから始まります。

さわやかな気分で仕事に出かけ、学校へ向かう。毎日のスタートがこのようなものであれば、その一日の充実の度合いも違ってくるに違いありません。

つまり、一日の活力は朝のスタートによって大きく左右されるのです。

「ダイニング」の計画が、いかに大切かは改めて申し上げるまでもないことでしょう。

「幸福を生む一日」のスタートは朝の食事から。自然の恵みを取り入れたダイニングは、夕食の団欒を、より膨らませることにもなります。

「家族の断絶」という言葉が使われるようになって、もう随分たちました。

世の親たちの誰一人として「断絶」を望む人はいないでしょう。そして、それ相応の努力は行われてきたに違いありません。しかし、どうでしょうか？　それにもかかわらず、その「断絶」の幅は広がり、傷はさらに深くなっていくように思えてならない今日この頃です。

「家族の断絶」の最も大きな理由は、意思の疎通がうまくゆかない、つまり、心が通じ合わないことにあると言っていいでしょう。なぜ通じ合わないのか？　いろいろな原因があるに違いありません。しかし、その原因の一つに「住まいの構造」があることに気づく人は、まだまだ少ないようです。

例えば、親と子どもの例をとってみましょう。子どもは、時に、親の存在を鬱陶しく思うことがあります。そのくせ、親の意識を自分から離したくないという気持ちも持っています。

面と向かうと素直になれない、できれば、相手の顔を見ずに話したい時もある。真正面から注意されると、心ならずも反発したくなる。どなたでも、そんな経験はおありでしょう。

もちろん、これらの心の行き違いを解決するのは「心」です。

しかし、「住まいの構造」、つまり、「間取りの仕組み」によって、それを助けることもできるのです。

具体的な仕組みについては、私たちはそれを「主婦の声が届く関係」と呼んでいます。**直接、面と向かわなくても話ができるようなキッチン・ダイニング・リビングの関係、しかも、完全に区切られることのない関係。**

仕事に忙しい夫、それぞれ独自の世界を持ち始めた子どもたち、これらの家族一人ひとりが主婦と何らかのコミュニケーションを、常に、持ち得ることが大切なのです。

私たちは、住まいを単なる「入れ物」とは考えません。そこにほんとうの幸福が生まれなければ、それは「住まい」ではないと考えています。

私たちが「幸福を生む住まい」と申し上げる第一のポイントは、まさに、このような人と人とのコミュニケーションに充分に配慮した住まいをつくらなければならないと考えるからなのです。

私たちが具体的な設計の段階で申し上げる提案や意見は、すべてこのような考え方を第一のポイントとして念頭に置いたものであることを、ご理解いただきたいと思います。

ダイニングの収納棚に何を入れるか、それはその家庭によっていろいろなケースが考えられるでしょう。お茶の道具・コーヒーセット・アルコール類・グラス・菓子箱・家計簿、その他の小物類や趣味のものなど、ダイニングに置いておきたいものはいろいろ考えられます。

ダイニングは単に食事をする場所だけでなく、炊事以外の主婦の作業の場となることもあるからです。

このようなものを収納する戸棚をどこにつくるか、どこに置くかについて、あらかじめ計画の段階で考えておくことが望ましいでしょう。

こうした**細やかな配慮が、主婦の日常の精神衛生に少なからぬ影響を与えます。**

主婦の明るい表情は「家庭の宝」です。

家族一人ひとりの悩みや不安は、主婦の明るい笑顔で癒やされ、元気づけられるのです。主婦にストレスがたまったり、健康をそこねさせては、その笑顔も曇りがちです。主婦の健康は家族全員の健康に影響します。

ダイニングはキッチンと同じように、住まいの中でも極めて重要な部分ですから、特に慎重に研究し、検討を重ねていただきたいと思います。

オープンで明るい【リビング】

「リビング」は家族の共通の憩いの場です。

かつては、茶の間が家族団欒の唯一の場であったのですが、それが洋風の部屋に変わり、テーブルやソファーを置くスタイルが一般的になったのは、１９６０年頃からでした。

このような洋風のリビングは、明治末期から大正にかけて、大邸宅に住む特権階級の人々が競ってつくった、いわゆる「応接間」の影響を強く受けたものであり、新しいライフスタイルの象徴でもあったようです。

そのせいか、この「リビング」の計画に当たっては、どなたもたくさんの夢をお持ちの方が多く、装飾やリビングのセットにいろいろな工夫をこらす場合が普通です。

しかし、いざ完成してみると、リビングを充分に活用している例はむしろ少なく、椅子の上に座ったり、横になったりして、リビングのセットにしっくりなじまなかったり、食堂で団欒を楽しんだあとは居間やリビングを素通りして、それぞれの部屋へ入ってしまうことが多いようです。

スペースを広くとり、しかも、いい場所にありながら、あまり使われないのでは、せっかくの「リビング」が泣きます。

つまり、簡単なようで、難しいのは、「リビングの計画」であることがわかります。

リビングは庭に面してつくられることが多く、四季の自然の変化に最も敏感な場所ということができます。その意味では、庭の延長ということもできるでしょう。一方、近隣の住宅が密接している場合は、2階に位置することが多くなっています。

オープンな雰囲気を持った、誰もが家族に秘密を持つことのない明るい環境が、居間の生命と言うことができます。

南側に面したリビングは、冬は暖かく、夏は涼しく、自然に順応した構造が家族すべての健康を守ります。

リビングは特にその広さがポイントです。しかし、その広さも程度問題で、ホテルのロビーなどを想定して、ただ広ければいいというものでもありません。

大家族とか、社交好きで絶えず来客の多い特別な人は別として、一般の家庭における広さとしては、十畳から十二畳あれば充分でしょう。八畳ではちょっと狭すぎます。応接セットやサイド・ボードを置くだけで一杯になってしまいますから、その場合は家具に充分配慮する必要があります。

いうまでもなく、住まいは毎日の生活の場であり、ホテルや外の社交の場とは根本的に性格が違います。つまり、衝動的な感覚で判断するのは禁物です。「どこどこのホテルがよかったから」とか、「あの時のクラブ・ハウスが気に入ったから、自分の家のリビングも同じようにしたい」などと思ったとしても、特に慎重に考えるべきでしょう。

リビングは憩いの場所、団欒の場所、家族共通の場所です。住まいの理念をわきまえた正しい判断が、このような時にこそ必要なのです。

リビングは食堂や台所、そして客間に近い所で、しかも、それぞれの部屋にスムーズに行ける場所でなければなりません。居間の役割をよく理解して、効果的に利用できるような計画を立てていただきたいものです。

【玄関】でゆとりとおくゆかしさをあらわす

玄関は、まず、その位置をどこにするかが最も重要です。なぜならば、玄関を扇のカナメの位置に置いて、玄関にホールを設け、そのホールから各部屋へ行けるよう、間取りを工夫すべきだからです。スペースに、たっぷり余裕がある方というのは、そうはいらっしゃいません。狭いスペースを有効に使うには、まず、廊下をなくすことです。

ここでは、**「玄関は扇のカナメの位置」**と覚えておいてください。

ところで、昔から、「玄関は辰巳の方位」つまり、「東南の角」と言われてきました。これは陰陽五行説によって言い伝えられたもので、それなりの立派な理由があります。しかし、それにはこだわる必要がないことを、はっきり申し上げておきます。東南の角は玄関以外に、持って来たいものがたくさんあります。家庭生活にとって、一番重要な場所は何でしょうか？　それを充分に考えた上で、玄関より大切なもの、例えば、台所・食堂・茶の間などの位置を優先して考えるべきです。

玄関の位置を決めるには、他にも道路の位置、敷地の形、隣近所との関係など、いろいろな条件も合わせて考えておかなければなりません。

さて、「玄関や門構えは、その家の家柄を示す」と言われた時代がありました。封建制が支配していた頃の話です。貴族や武士の家は外から襲って来る敵に備えたり、また、虚勢を張る意味からも、塀をめぐらし、頑強な門を構えました。地方の豪農もそれにならい、門を構え、小作人たちを牽制しました。

商人の家も間口を広くして、店の構えを強調したのです。

つまり、「構え」によって人を威圧し、そうすることで格付けをしてきたのです。

しかし、第二次世界大戦のあと、日本を吹き抜けた民主主義の嵐は、欧米の自由思想を定着させ、日本の家屋の塀を、生垣やフェンスに変えていったのです。開放感のあるオープンな家、とてもいいことだと思います。

こうなってくると、大袈裟に構えた玄関など、何の意味もなくなってしまいます。訪れる人を極度に緊張させるような玄関の構えは、決して立派とは言えません。誰もが気楽に訪問でき、しかも気軽さの中に、自然と調和したおくゆかしさがにじみ出るような玄関こそ、良い玄関といえるのではないでしょうか？

東南の玄関は、明るく、いつもすがすがしく、訪れる人の印象が良いので、繁栄の基盤となります。

住まいが仕事場であったり、お客様の多い方の場合は、辰巳の方角の玄関がいいかもしれません。しかし、一般の方の場合は、**できるだけ明るく、適当な広さがあり、通風が良ければ、どの位置でも構いません。**ただし、直射日光が当たると、扉が傷み、玄関の内部も傷みます。それに、明る過ぎは軽薄になり、品性を落とすことになりますので、充分注意が必要です。

平和で、心豊かな家庭を偲ばせる玄関、それが理想です。

玄関は虚勢を張る場ではないことは、すでに申し上げました。しかし、家族の世間に対するプライドを示す場であることも、また、事実なのです。その意味で、玄関をあまり軽く考え過ぎることも危険です。大袈裟な構えはもちろん不要ですが、正しいプライドの表現の場であるべきです。このようなところに、〝無駄の効用〟があるような気がします。

玄関の位置を決めるに当たって、家相学にあまりこだわる必要はありません。

ただ、**玄関の向きと門の位置との関係については、できるだけ気を配ってください。**

これには、道路との関係や、敷地の形も大きく影響してきますが、それらの条件をいろいろ考え合わせて、できれば門から玄関の距離、つまりアプローチを長めにとって、ゆとりを表現したいものです。また、アプローチの環境にも気を配ってください。

訪れる人に心のゆとりを与え、おくゆかしさを感じさせることによって、あなたの人柄を鮮やかに印象づけることができます。

玄関には広さもほしいのですが、天井の高さもほしいところです。

屋根裏を利用して天井を高く見せたり、２階の床をはずして、２階の天井まで吹き抜く場合もあります。吹抜けの上手なつくり方は、玄関の設計の妙味の一つとも言えるでしょう。無理なく、自然な形で、吹抜けをつくりたいものです。特に注意しなければならないのは、「西日や南の太陽の直射」で、これが当たると、夏は玄関が温室のようになってしまいます。

また、吹抜け窓の拭き掃除や、通風のための開け閉めも、充分に考えておく必要があります。

その家の「主人の顔」ともいえる玄関です。いろいろな実例などを見ながら、充分に検討し、研究していただきたいものです。

【階段】まずは安全第一を考える

さて、「階段」については、六つの大切なポイントがあります。

では、順を追って、説明していきましょう。

まずいうまでもなく、階段は安全第一です。一般の家庭では、素足か、または、スリッパ程度の履物で階段の登り降りをしますから、外にある階段や、また病院や駅の階段よりも、〝蹴上がり〟、つまり、一段の高さが高く、〝踏み面〟、奥行きが狭くなっています。急な階段が多くなるため、とりわけ安全対策には、充分に気を配らなければなりません。**「ゆったり階段」を意識しましょう。**家庭の階段には、「直階段」・「曲り階段」・「折り返し階段」の三つがあります。

直階段は、真っ直ぐに登り切る階段、曲り階段は、上か下、または中ほどで曲がる階段、そして、折り返し階段は、途中で180度方向転換する階段ですが、階段をつくる場所や、その条件によって、この三つのうちのどれかが決まることになります。

いずれの場合でも、必要に応じて踊り場を付けたり、手摺りを付けるなど、安全には注意を払う必要があります。

二つ目、階段は、人間が登り降りするだけとも限りません。物を上げ降ろしする場合の配慮も忘れてはいけません。この場合は、利用する度合いに応じて、無駄がなるべく少なくなるような幅を考えてください。

三つ目、階段の窓は重要な役割を果たしています。普段は外の明るさを取り入れ、換気の役割を果たします。特に夏は安心して開放できる窓であるため、大きな換気の効果を発揮します。また、万一、1階に火災が起きた場合、煙や有毒ガスを外に出す役目を持っており、このお陰で2階の人が命拾いをした例もあります。つまり、階段は、外に窓があるかないかによって、大違いなのです。必ず何らかの形で、窓を工夫してください。いずれにしても、階段が暗いと足下が不安でもあり、登るのも億劫になってしまいます。明かり取りの窓を持つ、さわやかな階段をつくるよう、充分配慮していただきたいものです。

四つ目は、階段は玄関の近くにつくるべきです。もし、玄関から離れ、廊下の奥にあったりすると、万が一の火災や事故の時、外に脱出できる確率はずっと悪くなります。このように、階段が玄関のそばにあることは安全のためでもありますが、他人を玄関からストレートに2階に上げたり、玄関ホールを引き立てる役割も果たします。

「階段は玄関のそば」と、覚えておいてください。

五つ目はデザインです。時折、「これは人に見せるためにデザインしたのじゃないだろうか？」と思えるような階段にお目にかかることがあります。階段の役割を無視し、特殊なホールか、ファッション店のような変に凝った階段をつくり、しかも、その奇抜なデザインを得意がっている人さえいます。

無理な階段や、登り降りに危険を伴う階段は、ぜひ慎しんでいただきたいものです。たとえ、どんなに格好が良くてもです。

最後は素材です。当然のことですが、階段のキシミは困りものです。施工の技術が下手なために、キシミが出ることもありますが、設計自体に無理がある場合も多いのです。階段をつくる材料の質や寸法など充分に注意する必要があるでしょう。

以上のように、階段は2階との連絡だけに使われるのではなく、他にさまざまな役割を持っています。毎日の生活の中で、利用する度合いが高く、しかも、事故を起こしやすいところです。さまざまな面からの配慮が必要です。

できるだけなくしたい【廊下】

「廊下とは、有料道路と同じ」です。一般の住まいでは、「廊下」はお金を払って、ただ通るだけの有料道路になっています。

廊下とは、部屋と部屋をつなぐ線であり、目的の部屋に行くために、他の部屋を通らないための通路です。もし、住宅が細長く、玄関がその端にあったとすると、長い中廊下や縁側を兼ねた廊下が、どうしても必要になります。住宅の建築費が年々高くなる折、**何とか「なくしてしまいたいスペース」**と言っていいでしょう。しかも、敷地の都合で住宅の広さに限りがある時は、できるだけ廊下をつくらないよう、間取り全体の組み合わせに配慮したいものです。

昔の住まいは、外側に縁側があり、中には中廊下があり、その長さが自慢の一つでした。当時の住宅のつくり方を考えると、たしかにそれなりの意味もありました。しかし、現代では、住宅のつくり方が根本的に変わっています。現在、廊下はただ〝通るだけのスペース〟になっています。できることなら、〝なくしてしまいたいスペース〟〝デメリットの多いスペース〟。今では、**廊下の長さは決して自慢にはなりません。**

人生の3分の1を過ごす【寝室】

「寝室」は「休息の場」「憩いの場」であり、明日への活力を蓄える大切な場所です。住宅は本来、寝るためにつくられたといってもいいでしょう。外敵や自然の脅威から身を守り、何ものにも邪魔されず、ゆっくり眠ることが家の目的でした。文明社会の現在でもそれに変わりはありません。

では、健康に良く、明日への活力を養う寝室には、どんな条件が必要なのでしょうか？

朝早くから活気のある住まいは、繁栄を約束されたと言ってもいいでしょう。「早起きは三文の徳」と言うように、精神に与える効果、肉体に与える効果、ともに、お金に代えられない大きな利益をもたらします。まだ寝床にもぐっている子どもたちは、眠い頭の奥に母親の炊事の音を聞くと、ホッと安心するものです。

「おかあさんは、きょうも元気に働き出した」

「おとうさんも、もう起きたかな？」

このような安心感が両親への感謝の気持ちにつながり、その家の幸福を生み出していくのです。夫婦が気持よく目覚めることのできる寝室こそ、「幸福を生む寝室」と言うことができるでしょう。

人間は寝ていても空気を吸っています。もし3分間、空気のない状態に置かれたら、人間は確実に死を迎えます。

つまり、**寝室における通気性は極めて重要な条件**です。

人間の活力の源は、純度の高い空気です。眠っていても、心臓は一刻も停止することなく、体の隅々まで酸素によって浄化された血液を送り続けています。順調な心臓の動きは安眠の条件なのです。

ところで「健康法」というと、すぐに「食事療法と適切な運動」と思われる方が一般に多いようです。

たしかに、正しい食事療法と適度な運動は、肥満を防ぎ、心臓への負担を軽くします。しかし、このような健康法を実行したとしても、密閉された寝室で、酸素が薄くなった空気と自分が吐き出した炭酸ガスを吸って眠っているとしたら、せっかくの健康法もまったく意味がなくなってしまいます。しかも、これが毎日繰り返されるのです。

このような状態が何年も続けば、その人の体力や体質によっては、何らかの好ましからざる症状が出てくるのも当然のことでしょう。

アルミサッシの登場が、このような通気性の悪い、密閉された寝室をつくってしまうことになりました。

かつての木製の建具の場合は、空気の入れ替えが自然に行われ、寝室の空気を常に新鮮に保っていたのです。たしかに、冬の冷たい隙間風はなくなりました。しかし、それと引き替えに、寝室の新鮮な空気をなくしてしまったのです。人生の3分の1を過ごす寝室です。健康と長命は寝室でつくられます。その通気性には充分に配慮して、計画を立てなければなりません。

夫婦の寝室は、夫婦だけの世界です。誰にも遠慮することなく充分にくつろぐためには、密室である必要があります。窓はもちろん、扉にも鍵をつけ、不測の事態に備えなければなりません。また、地震に対しても、充分気を配ってください。例えば、壁の額や棚や家具の上に置いた物が落ちて来ても安全であるような配慮、家具などが倒れないような配慮も必要です。

特に**寝室の電灯器具は、大きい物、重い物は避けるべきでしょう。**

夫婦だけの部屋には夫婦だけの身近に置く品物があると思います。また、他の人には見せたくない物もあるでしょう。そのようなものから下着類に至るまで、寝室関係の小物すべてを収納できる戸棚は、ぜひ付けることをおすすめします。夫婦がいつまでも仲良く愛し合うことは、最高の幸福です。そのためには愛し合える環境が必要です。いつも整理され、気分の良い寝室であることも、大切な条件です。

さて、室内の壁や天井などのデザインが、人間の心理に与える影響もまた無視できません。刺激を避け、神経を癒やす、寝室にふさわしいデザインや色や柄を選んでください。しかし、寝室は完全な個室でもありますから、趣味や趣向を存分に発揮されてもよい場所です。年齢に応じて室内の装飾を考えてください。

【子ども部屋】善し悪しで将来が決まる

住まいの持つ重要な役割の一つに、子どもの躾のための環境づくりがあります。子どもたちが健全に育っていく基礎には、住宅の環境や「子ども部屋」の計画の良し悪しが大きな影響力を持ちます。

それでは、子ども部屋はどのような環境が良いでしょうか。**理想は、北窓で落ち着いた部屋**です。南窓で日当たりの良い明るい部屋でもなければ、西窓で赤外線がよく入る暖かい部屋でもありません。

その理由をご説明しましょう。

「子どもに満足を与えてはいけない。重要な人間に育てるには、まず苦労を与えよ」。かつての子弟教育の在り方は、このような勤勉と不屈の精神を植えつけることから発想されていました。

一方で、現代の教育は、一概に言うことはできませんが、親の無謀なまでの期待、勉強の押しつけ、さらに、一方ではご機嫌とりに、わがままを認め、まるでこわれ物でも扱うかのように育てる。その結果として子どもに裏切られ、同時に子ども自身を不幸に陥れる。このような傾向が一般的になっているように思えてなりません。

すでに申し上げた通り「子どもは家の宝」です。ところが、一度躾を間違えると、親子の間には深い亀裂が走り、まるで敵同士のような関係にもなりかねません。毎日、親と子のトラブルが絶え間なく起こっています。私たちが新聞などを通して知る事件は、まさに氷山の一角であり、実に多くの親たちが子どもの親不孝に泣いているのです。あなたのお子様に限って、そんなことは決してないでしょう。

しかし、万が一のために、住まいが子どもに与える影響を充分に研究しておくことをぜひともおすすめしたいのです。

さて、一般に「子ども部屋」というと、子どもが勉強する場所と寝る場所を兼ねています。

小学校高学年、または中学校への入学の時期になると、子どもは自己意識を強め、自らの判断で物事を決めようとします。つまり、個性がハッキリしてくると、自分だけのプライバシーが守れる部屋を要求するようになります。その要求に応えることは、教育的な意味からいっても必要なことでしょう。しかし、ここでどんな部屋を与えるかが問題になるのです。貴重な費用を投じて子どもに個室を与えるのです。すべて、子どもの言いなりになってしまってはいけないはずです。

設計の打ち合わせの中でよく聞く言葉に、「子どもと相談してから決めます」というのがあります。

これも一概には言えませんが、子ども部屋の位置や広さ、壁の色や床の材質などは、親が子どもの性格に合わせ、冷静に、客観的に決めるべきで、それがほんとうの親心ではないでしょうか?

正しい考えであれば、もちろん、子どもの意見を入れてもいいでしょう。しかし、子どもは知恵が進んでいても親のような経験がありません。何でもかんでも「子どもがそうしてほしいと言っています」では、無責任な親と言わざるを得ません。子ども部屋の良し悪しが子どもの運命を左右します。

貴重なお金を使って、子どもに怠惰な心や贅沢心を植えつけるようでは、子孫繁栄とはなりません。

強い信念、素直な心、反省と感謝のできる子どもを育てるために、充分に研究することをお願いします。

【高齢者の部屋】西が理想的

現在、政府や行政機関が「高齢者」として特別な扱いをするのは、70歳以上のようです。しかし、この「高齢者」として国が遇している方々の中にも、「100歳まで生きる」ことが目的ではなく、「100歳まで社会のために働く」という意気込みで、サークルなどを作って、元気に活動されている方々も多いと聞きます。

つまり、ここでいう「高齢者の部屋」とは、社会人として現役より離れ、余生を楽しもうとされる方の部屋であり、家族の中で最も高齢な方の部屋を指しています。

高齢者とは長い人生を通して社会に貢献し、今日の繁栄の基礎をつくられた方々……。当然ながら、どのお宅でも家庭の功労者です。その労に感謝し、報いることは、若い者たちの義務なのです。また、いつの日か、自らも高齢者となることは明らかで、高齢者を労ることは自分自身の幸福を求めることと同じです。

高齢者の部屋の計画に当たっては、こうした感謝と労りの心が前提となっていなければなりません。

高齢者には自然の恵みが多過ぎても毒になります。強い日差し、肌に冷たく感じる風、どちらも刺激が多く、健康には良くありません。屋外に出て適切な運動をしたり、日向ぼっこに時を過ごし、そして、むしろ、室内は温度の変化が少ない、静かな場所であることが望ましいのです。

高齢者を尊敬し、立派な部屋を与える人には、誰しも頭が下がります。

世間では、とかく、子どものためには自分を犠牲にしてまで尽くす人は多いようですが、高齢者のために犠牲を惜しまぬ人は、残念ながら少なくなりました。

高齢者は家族の大先輩であり、功労者であり、家系の支配者でもあります。家族それぞれの考え方や行動を常に客観的に見ている、良い指導者でもあります。

高齢者の部屋の場所はそれにふさわしい位置にすべきでしょう。東の方位は朝の太陽のように活力旺盛で生産の場としてふさわしいのですが、それでは老人の精神や体力が長く続きません。

それに対して、西の方位は「落日の哀愁」がありますが、「動かざる威圧」を感じさせる静の場で、昔から「司」の場として家族の尊敬を集めた位置でもあります。

「高齢者の部屋は西」、これが理想です。

高齢者を労るあまり、家族から離してしまうのは、決してほんとうの思いやりではありません。人間は死ぬまで社会の一員であり、家族の一員でもあります。いつも社会にかかわり、家族とともに在りたいと思うのが当然です。

ある例をご紹介しましょう。仮に「Ａさん」と呼ぶことにします。Ａさんは決して豊かではない家に生まれました。父親に早く死なれ、Ａさんの家はそれこそ明日の米にも困る状態だったといいます。母親が40歳の時生まれたＡさんは、以後母親の手一つで育てられることになります。

Ａさんがどうにか自分の力で家族を養えるようになった時、母親はすでに65歳、Ａさんは並々ならぬ苦労をかけたお母さんに、一日も早く少しでも楽をさせたいと考え、仕事から遠ざけ、気楽に毎日が過ごせるよう、心を配ったのでした。当時Ａさんは、自分のそうした行動に誇りさえ持っていたそうです。

ところが、日がたつにつれ、母親の体力が急速に衰えていったのです。その理由にＡさんは気がつかなかったのです。とうとう、寝たり起きたりのいわゆる半病人となり、72歳でこの世を去ることになります。

Ａさんは今、しみじみと述懐するのです。「あれはほんとうの思いやりではなかった。

無理に母から仕事を取り上げ、母の気力と体力をはぎとってしまったのは私だった。今さら、母に謝っても、もう取り返しがつかないが、せめて私と同じような過ちを犯そうとする人には心から忠告したい」と。

Ａさんの話は悲痛な響きさえこもっていました。

高齢者の意志を尊重して好きなようにさせること、これがほんとうの親孝行なのです。「お年寄りの部屋の計画」に当たっては、この教訓を前提として、高齢者にふさわしい環境を与えてあげるよう、充分配慮していただきたいのです。

【クローゼット】は工夫次第でつくれる

「クローゼットはほしいけれど場所がない」――これが実情でしょう。従って、クローゼットのスペースをとれる人は恵まれた人ともいえます。しかし、「スペースがない」とおっしゃる人もまだ諦めるのは早いでしょう。

クローゼットには直射日光や風は避けてください。太陽の光線や風は、長い間のうちに品物を傷めてしまいます。ただ、通気性を良くして、湿度が上がるのを防ぐための対策は必要です。

日本特有の「蔵」今でも地方に出かけると見ることができますが、この「蔵」は日本の高温多湿の風土の中で、大切なものを長い間保存するには最も理想的なものなのです。主に土と木でつくられていますが、外部に使われた土は防火と盗難防止に、内部の木、つまり、木材は湿度の調節を行い、気候の変化、温度と湿度の変化に対応できるようつくられています。

日差しを避けて変色を防止し、風を避けて、風化を防ぐ。こうした役割を自然の法則の中で果たしているのが、伝統的な「蔵」なのです。

納戸にもそれとまったく同じ配慮が必要です。つまり、クローゼットの位置はあまり日の当たらない場所、従って、西北の方位が最も適していることになります。

「クローゼットのスペースがないから」といって諦めることはありません。クローゼットに代わるスペースを見つけるのです。屋根裏や無駄な空間など、本気になって研究すれば必ず道は開けるものです。

主婦のストレスをなくす【収納庫】

住宅を建築する上で、忘れてならないものに押し入れや物入れなどをはじめとしたさまざまな「収納庫」があります。

では、この収納庫について考えてみることにしましょう。

収納棚のスペースも深い奥行きを必要としないものなら、探せばけっこうあるものです。例えば、30センチの奥行きがあれば、家庭用品の50パーセントが収納できます。また、奥行きが45センチから60センチあれば、布団とかマットレスのようなもの以外は、ほとんど収納することができます。

「主婦のストレスは、環境の悪い台所と収納スペースの不足によってたまる」と言われるほど、収納スペースは重要です。間取図を書く時に、じっくり探してみるようおすすめします。

収納の目的は品物をすぐ取り出すことができ、済んだあとは簡単に元に戻せることです。その品物が使われる場所の近くに収納することが必要なわけですが、このことは逆に、「いろいろな物を使うことが多い場所には、なるべく収納スペースを取るべきだ」ということになります。

収納戸棚は扉を開けたら誰にでも一目瞭然、何がどこにあるかすぐにわかるようでなければ意味がありません。

例えば、押し入れの上の天袋、何でもかんでも押込むだけという使い方になりがちです。もし、両面から使える場所であるなら、両方に戸を付けて奥を浅くして使えば、押し込み収納にならず効率も良いでしょう。ただ、押し込んでもいいもの、時々使うもの、この辺りの区別を考えるのも知恵の出し所でしょう。なお、収納スペースをやたらにつくってしまうのも考えものです。

せっかくつくってもあまり利用しないのでは、かえって無駄ということになってしまいますから場所をよく選んだ、上手な収納スペースづくりを心掛けてください。

住む人への影響力が大きい【トイレ】

「快食」「快眠」「快便」この三つが健康の3大条件といわれます。「トイレ」は「キッチン」や「寝室」と同様に、家族にとって重要な場所といえるでしょう。単なる排泄処理の場だと考えてしまうのは、その住まいにおける影響力の強さを知らないからであり、後悔の要因になってしまいます。

住宅の計画の中で、トイレの位置だけは気になさる方が多いようです。無意識のうちに「トイレは難物」と感じるからでしょう。また、アンモニアガスによって、長い間のうちに住む人に影響を与えることもありますので、注意が必要です。

広さについては、住む人の趣味的な要素もありますので、一概に言うこともできませんが、ただ、トイレは排泄が目的であり、読書をしたり、瞑想にふけったりする場所ではありませんから、おのずと広さも決まってきます。**不便を感じない楽な気分で用を足せれば充分**でしょう。なお、あまり広過ぎると老人や病人は、かえって不安を感じることもあります。

広さと構造については、そのような点に充分配慮することも必要です。

トイレは目立たないことも必要でしょうが、利用しやすい、入りやすい場所でなければなりません。

また、毎日何度も利用する出入口の扉は、特にスムーズに開け閉めできることが大切です。この場合、特に扉の開く方向にも注意してください。扉を開けた時、玄関や居間からその内部が見えないように工夫することです。

老人や病人のための扉の対策も必要です。トイレは血圧の高い人や低過ぎる人には、鬼門とされています。排泄中の事故に備えるために外側に開くようにするなど、充分に配慮したいものです。

さて、**トイレは常に適切な温度を保っていることが必要**です。特に寒い冬の日は、ヒーターで暖房することをおすすめします。狭い場所ですから、そのための暖房費もそうはかかりません。腰掛けトイレのヒーターは、特に老人や病人にとっては有難いものです。

次に、換気についてお話ししましょう。

最近はほとんどが水洗式になりましたが、それでも、長い間に臭気がたまっていくことがあります。

トイレは玄関の近くにつける場合が多いため、玄関の扉を開けたとたん、嫌な臭いが鼻を突くのでは困ります。不快なだけでなく、住む人の健康にも悪影響を及ぼすので、換気には充分注意しなければなりません。外に換気口を付けるか、窓の上下に通気用のエアブレスを付けます。

換気は自然にいつの間にか行われているのが理想で、電気による強制換気は感心しません。また、トイレット・ペーパーの予備や生理用品、掃除道具などは、トイレの中に収納戸棚を付けて、そこに保管すると便利です。

こんなところにも、主婦のストレスを少なくするアイデアを生かしていただきたいものです。

【浴室】ほどほどの広さで普通がちょうどいい

日本人は、とりわけ、お風呂好きの国民だと言われます。日本のお風呂は、他に例を見ない魅力を持っているといえるでしょう。身体を洗い清めるだけでなく、湯にどっぷり浸って疲れを癒やす。このような安心感に満ちたひと時、日本人のみに与えられた「幸福」なのかもしれません。しかし、「浴室」の本来の目的を誤って、それがエスカレートしてゆく場合があるのです。

お風呂に入りながら庭を眺めたい人、浴室に熱帯植物を置きたい人、珍しい石で浴室をつくりたい人、浴槽を特別に大きくつくりたい人……、さまざまな夢を持つ人が多いのです。しかし、ほとんどの人は、考えてはみたものの詳しく検討してみると、さまざまな問題やデメリットがあることに間もなく気がつき、諦めるのが普通です。ですが中には、断固として実行される方もいらっしゃいます。はじめのうちは、たしかに大満足なのですが、時がたつにつれて、さまざまなトラブルが発生したり、そのうちご自分が飽きてしまったり。結局「普通の浴室に改造したいのですが」ということになってしまうのです。

家庭の風呂は温泉施設などと違います。家族の誰かが毎日掃除をしなければなりません。凝った浴室は、普通のお風呂に比べて何倍も手間がかかります。また、住宅街は家が立て込んでいるのが普通です。野中の一軒家ならいざ知らず、隣近所の問題がありります。さらに、住まいの南側に浴室をつくればいいのですが、間取りの関係でなかなかそうもいきません。大体が北側の寒い所につくることになります。しかも、一般の家庭では、お湯の量をフンダンに使えないこと。温泉のようにお湯をいつも流しっぱなしにしておくわけにもいきません。

最も決定的なのは**浴室にいる時間にも限度がある**ことです。お風呂の楽しさは湯上がりの楽しさ、居間や茶の間でくつろぐ時の方がさらに何倍も楽しいことに、ようやく気がつかれるのです。

浴槽で足を伸ばして湯にひたるのは気持ちのよいものです。最近は、ポリエステルやステンレス、鉄のホーローびきなどの浴槽が規格化された商品として出回っています。それらの中から大型のものを求めてもいいでしょうし、タイル張りの浴槽をつくり付けてもいいでしょう。

昔は桧やヒバでつくった木の香りが匂う浴槽が一般的でしたが、今はかえって高くなってしまいました。いずれにせよ、浴槽はできれば広い方がいいでしょう。しかし、浴室の広さはすでに申し上げたように、ほどほどにするのが上手な浴室のつくり方です。必要以上の広さは、デメリットが多過ぎてしまうからです。

では、浴室に関連した一般的な注意についてお話ししましょう。

浴室の位置は湯加減をみたり、ボイラーを管理するのに便利な場所で、エネルギーロスをなくし、主婦のストレスを減らすよう努めましょう。また、浴室は建物を腐らす水や湿気の多い場所です。

防湿、防水、気密性、屋外との通気性、耐水性などについては、当然のことですが、充分に配慮してください。

浴室は古くからトイレとともに難物扱いされた場所です。長い間には、浴室の不備が思わぬところで、家族の健康に悪い影響を与えることもあります。充分注意してください。

生活にゆとりを出す【洗面所】

「洗面所」は毎朝歯を磨き、ヒゲを剃り、顔を洗うところです。この辺りにちょっと贅沢をしてみるというのはいかがでしょうか？

感じの良い洗面所は朝の洗顔を、より爽快にしてくれます。

最近は、優れた洗面所ユニットも出回っており、それらとつくり付けの戸棚とで充分な収納スペースも確保できます。

いつも整理が行き届いたサッパリした洗面所、掃除の仕甲斐のある洗面所。こんなところに生活のゆとりを出したいものです。

さて、せっかく素敵な洗面ユニットを据えたとしても、その隣に洗濯機を置いてしまったらどうでしょうか？　洗濯機の側には、汚れた洗濯物や洗濯石鹸などが置かれ、何となく片づかない雑然としたスペースになってしまいます。素敵な洗面台もかたなしというところでしょう。

私たちは、洗濯機を置く場所が他にないために、止むを得ず洗面所に置く場合以外は、洗面所に置かないよう、おすすめしています。

便利な【設備】をどう考えるか

最近では、「便利な生活」をうたい文句にさまざまな「設備」が開発され、大規模な宣伝活動も行われています。

また、一般にも、便利で快適な生活を実現してくれるものとして、設備に対して大きな期待を持つ風潮が強く、「設備が良くなければ住まいではない」と考える人さえいます。

一方、私たちは、現在の設備万能の風潮に疑問を持っています。

住まいとは、人間が人間らしい生活をするのに必要な建物です。したがって、人間らしい生活の基準に合った設備機能を持てば充分です。しかし、経済と科学の発達は果てしなく人間の欲望をエスカレートさせ、また、事実、その夢を現実のものとさせています。近い将来、人間は何にもしなくとも、家事が片づき、しかも一年中、温度が一定した、暑くもなく寒くもない住まいが、商品として売り出されるかもしれません。

でも、それがほんとうの幸福なのでしょうか？

設備にはお金がかかります。据え付ける時の費用ももちろんですが、維持費・エネルギー代・故障時の修理代……、大変な費用です。しかも、完璧な設備であればあるほど、そこに住む人間の自然に対する抵抗力を弱め、心までも便利に慣れ切った怠惰なものにしてしまいます。

このように、**設備は〝諸刃の剣〟**のようなものと考えることができます。

設備のメリットだけを見ず、デメリットも充分に検討して、慎重に判断すべきでしょう。

大金をかけて、住まいにいろいろな設備を付けることは、住む人の自由です。住宅資金も多く、便利な生活を追求してみたいという方なら、それがたとえ、一時の流行のような設備であっても、趣味のようなつもりで取り入れられるのもよいでしょう。

ただ、限られた予算の中で住宅を計画される方は、生活にとって最も価値のあるものから、慎重に判断して取り入れていくべきです。

設備は次々と良いものが開発されてゆきます。その**導入のタイミングも充分に研究してください。**

設備もその規模が大きければ大きいほど、償却が多く、みるみる価値をなくしていきます。古くなればなるほど、故障も多くなり、トラブルも増えていきます。例えば、天井の壁に組み込むような大仕掛けのものほど始末が悪く、もし交換するということにでもなると、大変な費用と時間がかかります。自然の法則を余す所なく取り入れた住まいを計画すれば、大袈裟な設備の導入も必要性がなくなります。

一生その住宅に住むのなら、将来を長い目で見た計画が必要です。充分慎重に考えることをおすすめします。

位置、大きさ、種類を検討したい【窓】

「幸福を生む住まい」の基本は、今までご説明してきた「平面計画」と「窓」の付け方です。特に日本の気候は高温多湿といわれ、窓の付け方一つで、住み心地が良くも悪くもなります。

また、地方によって、太陽の位置や風の吹き方も違っていますので、その土地の風土に合わせて、よく研究することが必要です。

窓は位置と大きさと種類を、方位によって使い分けることが大切です。ただ、それだけの配慮で、大きな得をすることになるのです。人は、窓を通して自然と触れ合い、四季の移ろいを知ります。

「幸福な家庭」――つまり、**「健康で快適な生活」は、「自然の恵みを窓によって取り入れる」ことから始まる**のです。

では、窓について詳しく説明していきましょう。

北窓は直接太陽の光が入らないため、一日中明るさに変化がなく、柔らかな光を与えてくれます。つまり、静かに物を考えたり、読書や書きものをするには、最適な明るさです。

また、夏の涼しい風は、太平洋岸では南から吹きつけます。南の窓をいくら大きく取ったところで、北窓がなければ、風は家の中を通り抜けることができません。

このように、北の窓は快適な生活をするためには欠くことのできない窓なのです。北の窓は古今東西を通じて優れた人を世に出してきました。「偉人は北の窓によって育てられた」と申し上げても、決して言い過ぎではないでしょう。

〝人づくりの窓〟〝子育ての窓〟――、すでにご紹介しましたが、わが子を愛するなら、子どもには冷厳な北面の窓を与えてやるべきでしょう。

では、次に、「東に面した窓」についてです。

東の窓から差し込む朝日は、紫外線を含み、室内の殺菌効果を持っています。家族に健康を与え、一日の活力を与えるのが東窓なのです。東側の窓は部屋の天井一杯に高いところから取ってください。そして、開け閉めのできる高さで一度区切り、その下にもう一つ窓をつくります。つまり、上窓を大きく、下窓を小さくした二段窓にするのが理想です。

もし、東側に建物が接近していて、朝日が差し込まないとしても、東側には生気がみなぎり、新鮮な空気が室内に流れ込みますから、東窓は必ず付けていただきたいものです。

「東に面した窓」それは、あなたに「幸福をもたらす窓」です。

次は「南窓」です。

南側の窓は、夏の暑い盛りには日差しを避けて涼を入れ、秋から冬、そして、春の終わりまで、暖かい光線を部屋の奥まで送り込み、冷たい空気を暖めてくれる、つまり、「住まいに自然の恵みを取り入れる窓」と言えるでしょう。

南窓は「大きい分には文句なし」、つまり、お金に換えられないほど、住む人に恩恵を与えます。

また、**南の窓には欄間を付けましょう。**

光を入れるだけでなく、換気の役割が大きいからです。

さて、「南窓は大きい分には文句なし」と言う一方で「過ぎたるは猶及ばざるが如し」です。南の光線は強過ぎると、人間の精神の安定を阻害しやすく、注意も必要で、特に子どもの躾には充分な配慮が必要です。

「西窓」についてお話ししましょう。

西の窓は特別な地域や地形の場合は別として、窓を付ける効果が少ないようです。むしろ、逆効果になることが多く、特に注意を要する窓です。

夏の西日は特に問題です。都会では、西隣にある家屋が西日を遮ることが多いのですが、もし、西日が直接当たる場合は、高い樹を植えて直射を避けることも方法の一つです。ただ、その場合、湿気を入れやすいので注意が必要です。

食物を扱う場所、長い時間家事を行う場所、家族の団欒の場所に西窓は禁物です。生物を腐らせ、人間にストレスを与えます。

冬の間は冷たい部屋の空気を暖めるために、西日がほしいこともありますが、西日は午前中の旺盛な勢いもなく、〝斜陽の哀愁〟は住む人の心に一抹の寂しさを感じさせるほど、弱くなります。

なお、地方によっては、その気候風土が違うために、西窓も効果を持つことがあります。

以上、東西南北の窓についてご説明をしました。

もう一つ重要なことに、窓の開け方があります。窓にはいろいろな種類があります。例えば、床から直接立ち上がる〝掃出し窓〟、畳に座って肘が乗る程度の〝肘掛け窓〟、床から90センチ以上の高さにある〝高窓〟、小さな〝小窓〟、そのほか何十種類にものぼります。

このような窓を適材適所に、効果的に使うことが大切なポイントです。

ここでは、特に**〝欄間〟**と**〝二段窓〟**について、少し詳しくご説明しましょう。

人間は空気を吸い、そこに含まれる酸素の純度の良し悪しで、健康にも病弱にもなります。

つまり、人間の運命は住まいの中の空気によって左右されるのです。特に、最近の住まいは昔に比べて密閉型になり、住まいの換気が自然に行われにくい構造になっています。そのための対策として、欄間や二段窓は極めて効果的な役割を果たします。

二段窓は東や南はもちろんのこと、北側にもほしいものです。

また、台所・食堂・階段・居間・浴室は、特にほしい場所です。良い空気を室内に入れ、汚れた空気を外に出す……、それが「幸福」をもたらしてくれます。二段窓や欄間は、できるだけ付けるよう、専門家と相談しながら研究してください。

「間取り」から自然の恩恵を受ける

ここまで見てきたように、自然の恩恵を受けることは「住まい」の基本です。ところが、それを拒絶するような「住まい」が実に多いのが現実です。

例えば、プライベートを守りたいがために、極端に窓の設置を嫌い、小さな明かりとりくらいにしか窓の役割を考えていない住宅。日本のような高温多湿の気候の地域では、窓は外気を取り入れ、汚れた内気を吐き出す重要な役割を担っています。

太陽光や風の流れをまったく考慮していない「住まい」も多く見られます。「高気密高断熱住宅」には、自然の風など入る余地もないでしょう。

また、コンクリートに囲まれた要塞のような「住まい」。周囲にもまったく木も緑もありません。自然の恩恵を拒む「住まい」では、人間はどんどん元気でなくなってしまいます。人間も自然の一部なのですから、生命力が弱っていきます。

しかし、例えばコンクリートに囲まれた「住まい」であっても、内装に木材などの自然素材を使うことによって改善されます。室内で草木を育ててもいいでしょう。

人間の生命力を活性化させる「住まい」の一番のポイントは、光、風、緑……、まず自然の恩恵を取り入れることなのです。

そのために重要なことは、自然の気候風土に逆らわないことです。

四季を感じられる「住まい」こそが、理想です。

太陽光線を最大限に生かす「間取り」を

自然の恩恵の最大の要素が、**太陽の光**と言ってもいいでしょう。この太陽光線を最大限に生かした「間取り」をしなければいけません。

日当たりをどのように考えるのか？　どの部屋に最も多く日照を求めるのか？　それは午前の光ですか、午後の光ですか？　特に必要な季節はいつですか？　日照のメリット、デメリットを考えましたか？

これらの質問はごくごく当たり前のものです。こうしたことを考えていない、住宅供給者（ハウスメーカー、ビルダー、工務店）がいたら、むしろ問題だと思います。

これらは当然のこととして、本来なら太陽光線の特質までよく考えて利用すべきなのです。

太陽光線には紫外線、赤外線、可視光線という性質の異なる光線があります。それぞれにメリットとデメリットがあって、バランスを保ちながら生物に必要な役割を果たしているのです。

太陽光線の紫外線を効果的に利用しているのか？　赤外線の功罪は知っているのか？　可視光線のメリット、デメリットを知って利用しているのか？

かつて大工さんが活躍していた時代は、自然の恩恵を貪欲に「住まい」に取り入れて、部屋の利用目的に応じて太陽光線の特質を効果的に使い分けていました。

しかし、今では太陽光線にこだわるような人は少なく、その恩恵を放棄しています。むしろ意図的に太陽光線を遮蔽したりする機械的な環境づくりの方が一般化してしまいました。

自然の恵みを生かした先人たちの智恵を今こそ現代の「住まい」にも生かすべきではないでしょうか。

第4章

「住まい」をつくるのは誰？

「プロにおまかせします」ではうまくいかない

「私は住宅のことはまったくの素人ですから、プロであるあなたにすべておまかせします」とおっしゃるお客様がいます。

業者を信頼してくださることは、ありがたいことです。

しかし、「おまかせします」と言っても、何かトラブルが発生すれば、「信頼していたのに、こんな結果になって、どうしてくれるんだ」と言われてしまいます。

この場合の「信頼」は、実は期待であって、ほんとうの信頼ではありません。根底には業者依存、他者依存の考えがあります。

自分の家は自分で建てる、これが大原則です。

自分で建てるとは、休みの日を利用して、自分が大工仕事をしながら住まいづくりをするという意味ではありません。自分の意志で「住まい」を建てる、という意味です。

○○ハウスの家、△△ホームの家という企業ブランドを冠した「住まい」ではなく、建て主さんが小林さんという方だったら「小林さんが建てた小林さんの家」であるべきなのです。

住む人の意志で建てられた「住まい」が、ほんとうの「住まい」です。「住まい」のメーカーさんは建て主さんではなく、本来、そのお手伝いをするだけだったのです。

昔でしたら、家を建てたいという人は、大工の棟梁を呼びます。

棟梁はあれこれ要望を承って、サッサッサッと手板に間取りの平面図を書きます。

昔は、この手板一枚で充分だったのです。

お客様に「ここはこうしてほしい、ああしてほしい」と言われて、棟梁はサッサッサッと手板を書き直す。

棟梁も言われっぱなしではありません。例えば、ご隠居さんの部屋は日当たりが良過ぎて、こちらの方に移動しましょうなどと、プロとしての意見を入れてきます。

こんな風景は、戦前の日本では当たり前でした。住宅が産業化されずに、町場や地場の大工、工務店が元気だった頃は当たり前だったのです。住まいづくりの素養のある方々は、今でも、そのことを継承されています。

あくまでも「住まい」は、住む人の明確な意志、意図のもとにつくられています。大工の棟梁は、その地域に住み、その地域の環境を、また住む人（お施主様）の人柄、家族構成、家族一人ひとりのことを熟知している「町場」の棟梁なのです。

町場の棟梁、そして職人たちにとって、住む人は、お施主であり、お客様ですが、また家族のような存在でもあります。家族の家をつくるのに、手を抜くでしょうか。欠陥住宅を建てるでしょうか。材木をケチるでしょうか。否、しません。そんなことをしたら、その棟梁や職人たちは、町場という共同体では生きていけません。

職人の心を大切に

私は子どもの頃、アメリカのテレビ番組「世にも不思議な物語」の吹き替え版を見ていました。毎回、番組を進行する男がちょっと恐い話をしました。その中の一つで鮮烈に記憶に残っている話があります。

ある人が窓辺に二つの花の植木鉢を置いて、毎回同じように水や肥料をあげていました。同じように太陽の光が入って、花自体も同じ種類のものです。

一つの花はスクスク生長し、もう一つの花は途中まで生長しますが、やがて枯れてしまいます。

なぜ、そのような違いが出たのでしょうか？

それは、水をやる時、一つの花には「ああ、可愛いね。素晴らしいキレイな花を咲かせておくれ」という温かい言葉も一緒にかけていたのです。

もう一つの花には「この野郎。なんて汚いんだ。お前なんか、サッサと枯れてしまえばいいんだ」という冷たい、汚い言葉と共に水をやっていたというのです。

言葉の力。

良いことを言うと良い結果が出て、悪いことを言うと悪い結果が出る。こんな不思議な話を子ども心に理解したのです。


「住まい」も人間の手、たくさんの職人たちの手によってつくられます。

今はプレカットといって、構造材のほとんどは工場でつくられるじゃないか、という意見もあるでしょう。

しかし、今も建築の現場では大工、とび職、水道屋、電気屋、塗装、左官などの職人たちの力が結集されます。**職人たちによって「住まい」が完成される**、と言っても過言ではありません。

その職人たちが、どんな思いで仕事をしているかということが、実は重要なのです。もし、低価格を売り物にしている住宅会社で「住まい」を建てたとしたら、その職人たちの心の中のつぶやき、声なき声がこのようなものだったらどうでしょう。

「ちぇっ、こんな安い値段で仕事させられてよ。まったくアホくさい。安かろう、悪かろうっていう言葉知らないのかね。ああ、やだ、やだ」

さらに「まったく、こんな変な設計図面で、職人泣かせだよ。どうおさまりをすればいいんだ」などという愚痴や恨み言、泣き声、怒りが職人たちの心の中に、うずまいていたとしたら……。

言葉は、心から生まれてきます。その心は集団的無意識として、「住まい」にも影響を与えるのです。

どんな有名な住宅メーカーであろうと、建築会社であろうと、つくるのは職人たちです。職人たちの心が、どこに向いているのかということが極めて重要なのです。

かつて職人は、自分の持てる技量を理解者（住まいを建てようとする人）のために惜しみなく使うことをその美学としていました。

しかし、「住まいづくり」が「住宅産業」に変貌した現代、職人たちは建築事業にかかわる日雇労働者になってしまいました。自分たちの技量を時間で切り売りする「パートタイマー」になってしまったのです。

そこには、職人本来の心意気も、技能も発揮する場はありません。

職人と「住まい」をつくる

私が、「住まい」を建てようとする方を「お施主様」「檀那さん」と呼ぶにいたった経験をお話しします。

「檀那さん」という言葉も今や「死語」になりかけていますが、「檀那」とは本来、梵語（古代インドの言葉）の「布施」を意味する「ダーナ」の訳語とされています。

社寺などの有力庇護者をそう呼んでいたのです。転じで、大店の主人、一家の主などの敬称として「ダンナ」と呼ぶようになりました。

30年以上前、都内の閑静な一等地に、私どもが60坪にも及ぶ二世代住宅を建てさせていただいたIさんという会社経営者のお客様がいます。さまざまなリフォームのお仕事もさせていただいていたのですが、今度は建坪20坪くらいの離れ（今風にいえば「大人の隠れ家」）を建てることになりました。

外部の設計家が意匠設計をしたのですが、施工は出入り業者として私どもを特命していただいたのです。その理由は「職人が良いから」ということでした。

通常は、施工会社の良し悪しを問うこともありますが、職人の良否までは問われません。というより、そこまで気にかけてもらえないものです。

昨今、きざみは大工がしないで、プレカット工場で施されてしまうのですが、Iさんは工場加工を嫌い、あくまでも大工による加工を求めました。もちろん、コスト的には高くつくのですが、工場で加工させるよりも、大工の収入になります。

また、Iさんはことあるごとに現場へ赴き、職人たちに「ご苦労さん」「ありがとうね」「ここはどうなっているんだい」と声をかけていたのです。

この声かけが、効くのです。

声（言葉）は心です。Iさんの声かけ、気配りは、職人たちの心に響くのです。

職人たちに賃金を払うのは、各職方の親方や社長です。しかし、彼ら末端で働く職人たちでさえ、ほんとうにお金を払っていただくのはIさんであることを知っています。

着工から完成まで、約4カ月の期間の中で多くの職種の職人たちの仕事がありますが、その賃金、代金を支払うのは「住まい」の購入金額です。

しかし、購入金額と言うと味気なく思われます。やはり、職人や、木材などの素材を生かす「浄財」として位置づけたいと思うのです。

私が「住まい」を建てようとする方々を「お施主様」というのは、このような感謝の心を込めての表現なのです。

心かよわせる「住まいづくり」を

かつて「住まい」をつくる職人たちに、お施主さんがお茶を出したり、おやつを出したりする習慣がありました。

今はされる方もいらっしゃるし、されない方もいらっしゃいます。どちらが良い悪いではなく、そういう習慣があったということです。

別にお茶を出したから、より良い「住まい」をつくってもらえるというお話ではありません。

わざわざお施主さんが、お茶を出してくれたという気配り、気遣いこそが、お互い様で「ありがとうございます」という意味なのです。

そういった「煩わしさ」がイヤだ、という方もいます。お金を払っているのに、何で茶菓子を出さなければならないのだ、という方もいます。

「情けは人のためならず」なのです。

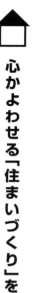

こういう時代だからこそ、「住まい」を通して心と心の交流が必要だと思うのです。**住宅が完成したらもうおしまいではなく、新築の際の職人たちと今後10年、20年とお付き合いしていくような関係こそ、お互いに理想**なのではないでしょうか。何かあった時気軽に声をかけられるような関係です。

住宅メーカーの営業マンの誠意とは

住宅供給者（ハウスメーカー、ビルダー、工務店）の心、考え方も重要です。

今では少ないと思いますが、昔は住宅メーカーの営業マンが「夜討ち」「朝駆け」でお客様を訪ね、その行為に「熱心だ」「誠意がある」と情にほだされて、そのメーカーに決めたということが多かったようです。

しかし、その営業マンは何に熱心だったのでしょうか？

何に対して誠意があり、誠実だったのでしょう？

住宅メーカーの営業マンは営業成績を上げることに熱心であり、自分の職務、契約をさせることに誠意があり、誠実であったのです。

営業マンが住宅を建てるわけでも、プランを設計するわけでもありません。彼の仕事はあくまで、自分の所属する住宅メーカーを選ばせることなのです。

ですから、彼はできあがった住宅には興味も関心もない、ということが往々にしてありました。

今は、どうなのでしょう？

あなたの元を訪れる住宅メーカーの営業マンには、どんな誠意がありますか？

信頼関係と共通理解がすべての出発点

私の師匠である冨田辰雄は、「幸福にこだわる人の仕事をしろ」といつも口酸っぱく言っておりました。

住宅産業は「クレーム産業」です。クレームの連鎖さえあります。

「えっ、こんなことが問題なの？」と思うようなことすら、クレームになる場合があります。業者の事前説明が足りなかったこと等が問題になる場合もあります。

やはり、**根本的な問題は、「住まい」を建てる方と業者の間に信頼関係、共通理解がなかったことにある**ように思います。

心と心を合わせること、思いを同じくすることができなかったのです。幸福を生む「住まい」（幸福になる条件を備えた「住まい」）をつくるという、共通の目的を共有できなかったのです。

私どもは、「住まい」を建てようとする方と「住まいの勉強会」を行っています。そこで、ビデオを観たり、オーディオを聞いたり、そしてクイズをしたりしながら、お互いの「住宅観」「人生観」等を語り合います。

私どもの「住まいづくり」の第一歩は、そこから始まります。「住宅観」「人生観」を共有することが、心と心を合わせることなのです。家族全員の、かかわる人々の、心と心を合わせた「住まい」をつくらなければならないのです。

私どもは、「住まいづくり」を生業とする者です。

私どもの仕事に従事する職人も含めて、これから私どもに「住まいづくり」を委託された方々の幸福を願い、祝福と感謝の気持ちでいること。それこそが、真に良い「住まい」を生むのです。

思いが、言葉になり、言葉が行動になります。私どもは、「幸福」づくりを思い、「幸福」づくりの言葉を使い、幸福を生む「住まいづくり」をしなければならないのです。

土地探しを始める前にプランを持つ

「住まい」を求める人が、土地を持っているか、これから土地を探して購入するかではだいぶ条件が違ってきます。都内などでは、住宅に関する予算の3分の2以上が土地購入にあてられ、土地を買ってしまって、これしか予算がありません、というケースが多いのです。

自分の財布の中身、絶対予算は限られているのですから、「良い土地を安く」買いたいのは人情でしょう。しかし、**「安くて良い土地」は、絶対にありません。**あるのは、「安くて悪い土地」か「安くて、それなりの土地」か「高くて悪い土地」だけです。

良い土地を求めるならば、高くても買うべきです。安くて、悪い土地を求めるならば、「高い」と思う差額は、たいしたことがありません。その土地を所有し、使う20年、30年の歳月を考えるならば決して高い金額ではありません。この際「安くて良いもの」や「良いものを安く」などという思いは捨て去り、高くても良い土地を求めるべきでしょう。

では「良い」とは何を以て、良いとするのでしょうか。それは、環境の面において良いということです。「住まい」を建てるにあたって、良いということです。

私たちの標榜する「幸せを呼ぶ住まいづくり」の「住まい」とは、建物としての住まいではなく、家庭としての「住まい」です。家庭とは何か？　家と庭です。家とは建物、庭とは敷地を含む自然環境です。いかに自然の恩恵を取り込めるかが重要な要素です。

不動産業者も、土地そのものでは利益を得ることができにくくなっています。どうしても「うわもの」つまり「建物」を建てて、そこで収益を上げるというビジネスモデルになっています。しかし土地を買って、住まいを求める立場からすると、収益の対象として「住まい」をつくられては、たまったものではありません。

しかし今日では、住まいを求める人々のニーズが多様化しているため、単純な発想の「建て売り」住宅は、売れにくくなっているのが現状です。そのため、不動産業者、建て売り業者も、土地を気に入ってくださったお客様に、土地を売って、「建築条件付き」というしばりをつけて、建物を建てることで利益を得ようというビジネスモデルに変えようとしています。

しかし、「建築条件付き」であって、単なる建て売りではなく、あたかも建て主の要望が満たされるようなことを言っているとしても、所詮「建て売りは建て売り」なのであって、住む人の幸福だけを考えているわけではありません。

相続などの理由で建て売り用地として五区画とか六区画に分けられた土地をお客様が買われて、建築は私どもで行ったケースがあります。私どものお客様以外は、すべて建て売り分譲住宅です。不動産会社と施工会社は別で、引き渡しの段階で、建て売りを買った方とのトラブルは、よく耳にします。

土地の値段を差し引けば、狭小地の注文住宅と建て売り住宅の価格に、それ程の差はないことが多いのです。

もちろん内部仕様をどのようにしていくかで違いはあります。狭小の土地だからこそ、自然の恩恵をどう取り入れるか、という工夫が必要になってくるものです。

せっかく、良い土地を見つけたと思ったら、「建築条件付き」となっていて、がっかりされる方がいます。お金を払えば、建築条件付きを取りさげてくれることがあります。目先のお金はたしかに痛いです。しかし、住む人の生活の要望を何も考えていない建て売り住宅で、不便、不都合、不快を我慢しながら生活して、「不幸」になっていくならば、住む人の幸福を考えて建てる「住まい」の方が、どれほど得であるかです。

土地探し、土地選びも自分たちだけでしないで、意中の建設会社、工務店がいるならば、一緒に探すことに協力依頼すると良いと思います。土地にも長所欠点があります。その長所欠点を、各々の土地でアドバイスを聞いていけば、住む人の土地を見る眼も養われていくことでしょう。その中で、どんなライフスタイルを求めていくか、ということも明確になっていきます。

土地探しを始める前に、プランを持つということは、土地の値段が安いからといって変な地形の土地を買ったり、悪い土地をつかんでしまったりすることをなくすために必要なことです。土地を探す、住まいを建てる、という差しせまった事態になってから、住まいの本質を勉強するよりも、将来を見すえて、住まいの何たるかを学んでいくことはとても大切なことなのです。

第5章

木と自然を使った「住まい」を

木が人間にもたらすもの

「休」という文字は、「人」と「木」から成ります。人と木が共に居る状態、それが「休む」ということなのです。

英語の「Ｆｏｒｅｓｔ」（森）という単語も、「Ｆｏｒ」（～のため）と「ｒｅｓｔ」（休息）に分解できます。つまり、森は「休息のため」の場所と解釈できます。

洋の東西を問わずに、木は人間にとって、なくてはならない存在です。

東南アジアや南米アマゾン流域の熱帯雨林は、地球の肺と言われます。地球の酸素の供給源となっているからです。

人間は酸素を吸って、二酸化炭素を吐きます。一方、木は二酸化炭素を吸って、光合成で酸素を吐きます。まさに。人間と木は補完関係にあるのです。

木は天を目指して、生長し、仲間を増やし、林となり、森となります。

木のあるところ、水があり、やがて水源になり、やがて川になり、海になり、雲を呼び、雨を降らします。

木影をつくり、人や動物たちに安らぎを与えます。

木の実は鳥のえさとなり、また、その種は新しい木を生むために遠くに飛びます。

木は二酸化炭素を吸って、酸素を吐き、地球上の生物を生かす手助けをしています。

また、切り倒されては、木材となって、柱となり、土台となり、板となり、家具となり、家の主要な部分の役割を担います。

そして、腐ったり、燃やされたりしない限り、二酸化炭素固定という大任を果たします。

割り箸も、楊枝も、木の端まで世のため、人のために生命を捧げています。

樹齢数百年、あるいは数千年、黙々と生き、その役をこなす生命の大先輩。

まさに、木は神なり、木は人間の最大の恩人、木は人間の友達。

与えることを、愛することを教えてくれます。木は私たちの先生、先輩なのです。

人類の文明史を観ても、文明は木の、緑の多い所で発生しています。しかし、文明が発展し過ぎて、森が消失してしまう所があります。

例えばアフガニスタンも、かつては仏教を中心として発展した文明圏だったそうです。しかし、イスラム教の流入によって家畜を放牧するため、森林を焼き払い、結局水源を失い、砂漠化してしまったということです。

木と人が自然の中に共生していたにもかかわらず、一方的な人の都合で、焼き畑や放牧をくり返して、森林を、木々を消失させてしまったのです。

日本の国土の70パーセントは森林であり、近代化する以前まですべての建造物は木造であったことからも、日本は木の文化の国と言ってもさしつかえありません。

世界最古の木造建造物、法隆寺の五重塔は千数百年の時を超えて今なお健在です。そして、1000年以上長持ちする大きな木もあったし、また、それを生かす匠の技もありました。ものづくり、職人の文化も、まさに千数百年前からあったわけです。

「住まい」から追放された木

住宅に関するアンケートで、**「木の家」に住みたい人は常に90パーセントに近い**数字です。一般の人々の、木に対する親しみや憧れは非常に強いものがあります。

しかし、誰もがほしい憧れの「木の家」も、求めるのが難しいのが現状です。

おまけに今では「木造住宅」といっても、木材は構造部分に限られてしまっています。眼に見えて、手に触れられるところに、木がほとんどなくなってしまいました。新建材と称される、石油化合物によってつくられた内装材が主流です。木目や色調を木のように見せていても、それは塩化ビニールなどの石油化合物なのです。

木が使われなくなった最大の原因は、「住まい」の多量生産・多量販売による規格住宅化が進んだからです。

木という自然素材は、人間同様の生命体ですから、木材として製品化されても割れたり、反ったり、ねじれたりします。節があったり、時間と共に色の変化もします。ですから、木に対する理解のない建て主さん、その特性をちゃんと説明できない業者には厄介な代物なのです。

かつて「住まいづくり」は、「住宅産業」などと言われるような次元のものではありませんでした。

職人たちは、建て終わってからの、木材の「すき」や「ねじれ」もある程度想定しながら仕事をしてきました。そして、引き渡し後も、建て主さんもそれをクレームとしてではなく、仕方ない事実（自然の変化）として受け止め、職人たちもそのように対応をしてきたのです。

しかし、それはお互いに顔の見える、わかり合った仲だからこそ成り立つことだったのです。

不特定多数の、価値観も何もわからない建て主を顧客とする大手のハウスメーカーや建て売り業者は、木の良さよりも、木に対するクレームの方が怖いのです。

気候風土や環境も違う、北は北海道から、南は九州、沖縄までを商圏とするメーカーやビルダーは、規格住宅の数のメリットを生かすために、木材をも同一樹種、同一規格、同一品質（含水率を含む）を要求するのです。

その結果、木材と言っても工業製品の集成材などを使うようになるのです。

住宅供給者が言うでしょう。

「木材を使うと、家そのものがゆがんでしまって、ドアとかがうまく開かなくなることもありますよ」

「木材は高いんです。木材を使うと、職人の手間がかかって、建築費そのものが上がりますよ」

住宅産業界の経済優先の価値観の中で、木は「住まい」の中から追放されていったのです。

「住まい」が工業製品的な価値、あるいはマンションのように転売可能な資産価値しか見出せないような現状だから、木が私たちから縁遠い存在になってしまったのです。

木は高級品か

「木の値段は高い」「木は高級品」という認識は、一般的に根強い庶民感情です。

これは日本人の歴史に深く根差しているものですが、今や事実とまったくかけ離れています。

かつて、住宅のみならず、社寺、城郭、あらゆる建造物を建てる素材、燃料としての木炭の原材料として、木材しかなかった時代では、木を一本伐採しただけで死罪になったとも言われています。

最近は、テレビで時代劇の放送がめっきり減ってしまいましたが、「水戸黄門」にしても「大岡越前」にしても、悪徳商人の3人に一人は「材木問屋の〇〇屋」という設定でした。

なぜ、材木屋が「ワル」だったのか?

建築資材を一手に握り、燃料にも使える木材を扱うということは、今で言えばスーパーゼネコンであり、石油メジャーにも匹敵するもの、とは少し言い過ぎでしょうか。

悪代官や悪家老に、「〇〇屋、お主も悪よのう、フッハッハッハッハ……」と言われるほどの、経済的、社会的な力を、かつての材木屋は持っていたのでしょう。

木材という「商品」のお陰で、「悪よのう」と言われるほどの「力」を持てたし、紀伊国屋文左衛門のように巨万の富を得ることができたのでしょう。

しかし、今、木材はほんとうに高いのでしょうか?

さて質問です。大根一本、豆腐一丁、30年の杉の柱で10・5センチ角の3メートル一本。さあ、どれが一番値段が高いでしょうか？　単価ではなく、立方メートルの体積換算の値段です。

答えは意外なことに、豆腐が1位。2位が大根。そして、**最も安いのは杉の柱、木材なのです。**この答えには多くの方が驚かれます。

木材は流通段階で、いろいろな価格になります。木材の小売り業者、つまり町中で見る材木屋さんが、木材問屋さんや木材市場で買う値段を、立方メートル価格5万円とします。こう言うと「一本5万円か、やはり高いな」と思われる向きもありますが、5万円は体積値段です。一本単価にすると1500円ほどです。

この1500円の中には、丸太から製材所へ行って柱になり、そして消費地の木材市場や木材問屋のお店に配送されるまでの運賃や、各々の流通段階でのマージンも含めての1500円なのです。安いですよね。

大根は1年に数回生育する農産物です。豆腐は1年に1回収穫できる農産物からできる加工品です。

杉の柱は、30年前に誰かが杉の苗を山に植えました。そして、下草刈りとか枝うちをしたり、あるいは近くの木を間引きしたりしながら、柱になるまで生長して、ついに切り倒されて、丸太になって、製材所に行くわけです。

この丸太にされる30年間の年月にも、山師をはじめ、いろいろの人々の労力がかかっています。

材木屋さんへ行って、1500円も出せば杉の柱を売ってはくれますが、1500円で杉の柱を作り出すことはできるでしょうか?

木と大工職人

例えば、杉の苗が生長して、一本の柱がとれるまでの、30年間の太陽の光。これを人工的に電気によって光を与えたら、どれほどの電気料金が必要でしょう?

30年間、地面から吸い上げる水の量、あるいは雨水の量。水道料金に換算したら、どれほどのお金がかかるのでしょう?

地中の養分も肥料代に換算したら……。

苗木もどこかの植木屋さんから来たのでしょうが、そもそも苗木の元、苗木そのものは、どこから得てきたのでしょう?

太陽の光、水、地中の養分、そして苗木という生命そのものは、一体誰が与えてくれたのでしょう?

杉の木を育ててくれた太陽の光も、水も、地中の養分も、苗木という生命も、「自然」によって与えられたものです。

もし、「自然」が太陽料金を払ってください。地中の水料金を払ってください、空気代を払ってくださいい等と要求してきたらどうなるのでしょう?

無償で与えてくれる太陽の光、水、空気の価値はお金で換算できるものではありません が、あえて表示するとしたら「無限億円」と表示しても良いと思います。

つまり、杉の柱の値段はほんとうは「無限億円+1500円」かもしれないのです。

「自然」の力、これは神様といっても良いし、仏様といっても良いかもしれません。あるいはサムシング・グレート、偉大なる何かといっても良いかもしれません。木はそういった力によって生み出されたのです。まさに「自然の恵み」「神様からの賜りもの」なのです。

日本人の多くは、この木の不思議な、神秘的な価値を知っています。それ故、日本人は「木は高いもの」と考えているのです。

木は経済的に高いものではなく、貴いものなのです。「自然」が人間に無償で与えた生命の一つが、木なのです。

それ故、日本人は、神様のことを数える時に「一柱、二柱……」と数えていたのでしょうか。

しかし、今日では、木は経済的に非常に安価なものです。「卵と木材は物価の優等生」で、この半世紀は値段が安定どころか、値下がりしているのが現状です。

もちろん、樹齢300年以上の木材は、植林不可能な希少価値があるものですから、高いものもあります。

一方、私たちが「住まい」の中で使う木材は、本来「無限億円+1500円」的価値ですが、**一本1500円くらいの値段**なのです。木材は使われるのを待っています。

しかし、木は人間と同じで、いろいろな種類があり、そして一本一本個性も違います。木の特性やくせを熟知して、木組みの中でマイナス要素をプラス要素に変えてきたのが、かつての大工職人でした。

ただし、今は大工職人が減っています。高齢化と若い大工職人の不足、若手大工職人の経験不足によって、せっかくの木も使いきれないという事態になりかねません。日本の「住まい」は「木の文化」と言われても、木だけではどうしようもないのです。木を使える大工職人がいなくてはなりません。

大工さんたちが安心して働け、そして後継者が続けられるような「三方良し」の住まいづくりが、必要なのだと思います。

「木骨住宅」ではなく「木質住宅」を

私は「住まいの勉強会」（ホーミー教室）でよくこんなことを言います。

「皆さん、どうぞ眼をつぶってください。ねえー、真っ暗でしょう。皆さんのまわりにある建築資材は、ほとんど化石燃料からできているんです。真っ白なクロス、木目のデザインの塩化ビニールの新築材の建具など、さまざまな色どりがなされていますが、化石燃料からできているんですね。モグラもミミズもすまない、地下９００メートル〜千数百メートルの石油しかない世界と同じですよ」

「住まい」の素材が木材から、化石燃料を化合した素材に変わってしまいました。そのことによって、住まいづくりが町場の大工や材木屋によって建てられた「家内制手工業」から、住宅産業の「工場生産」へと変わってしまったのです。

巷には「在来軸組工法の家」とか「桧の家」とか「杉の家」とか「〇〇県産材の家」などなど、木の家をうたっている「住宅」があります。

しかし、構造材、つまり柱、土台、梁、母屋などが木材であって、いざ仕上がってみて、この木造住宅の中に入ってみると、一面のクロス貼り、塩化ビニールなどでできているドアやドア枠、窓枠などの造作類、すべて石化化合物の集まりといっても過言ではありません。**これでは「木骨住宅」と言った方が妥当**だと思います。

木の「住まい」を夢見ている人々に対して「木骨住宅」を「木造住宅」とうたうのは、イメージ先行の「羊頭狗肉」のように感じるのは私だけでしょうか。

私は「構造材は必ずしも木材である必要はない。鉄筋でも鉄骨でも良い。重要なのは、眼に見えて、手に触れるところに木を使うのだ。木質住宅で良いのだ」と考えています。

「住まい」の構造として本材が必要なのではなく、**目に見える住まいの環境に木が必要なのです。**木は単なる建築資材ではなく、人間同様の生命力を持つ「環境素材」なのです。

木の「住まい」、木質住宅、木のオフィス、木質環境は無限の可能性を持っています。

私の事務所の内装材は、桧の羽目板を使っています。訪れるお客様は口々に「いい香りですね」とか「木のにおいがしますね」と喜んでくれます。

私自身は祖父の代から材木屋で、製材所や林場（「りんば」といって木を立てておく倉庫）の中に住居があって、材木だらけの生活をしていたので、多分、木の香りに慣れ切っています。しかし、一般の人にはすでに木が特殊な存在になっているのです。

木質住宅、つまり木の内装化を求めるのであれば、マンションであれ、オフィスであれ、いわゆる「木造住宅」でなくても可能です。可能であるばかりでなく、環境の劇的変化、住む人への影響ははかり知れないものがあります。

ただ、「木」は力を持っていますから、なんでも使えば良いというものではなく、壁、床（フローリング）全部というのではなく、バランスのとれた配置が必要でしょう。それには、人間が住むための環境素材として「木材」を位置づけられる業者のアドバイスが重要です。

環境を木質化することで、その環境は変わります。そして、そこに住む人間の生活も変わるのです。

「住まい」に自然素材を使おう

「住まい」には、やはり自然素材を使うのが良いでしょう。

自然素材である有機物は、金属や石などの無機質とは異なり、心を和ませ、陽気にさせる環境を作り出します。

木以外にも、素晴らしい自然素材があります。日本では、土（土壁）や草（畳やゴザなど）も多用してきました。

かつての日本の「住まい」は、木と土と草を建築素材とし、間仕切りは障子と襖、外壁は土壁という、まったく素朴な有機環境でした。

しかし、それでも数百年の歳月を経て存在しているものもあります。今にも壊れそうな構造物のようですが、立派に自然の脅威に耐えて、数百年の耐久性を誇っているのです。

神社仏閣等、その最たるものでしょう。

この伝統を新しいかたちで、もう一度、日本の「住まい」に復活させるのも良いのではないでしょうか。

木、土、草という生命のある素材でできた環境の中で、自然の恵みである太陽の光と新鮮な空気を充分にとり入れる。

そうすることによって、人間の生命も健やかに育まれるのです。

人間にとってほんとうに豊かな生活も、そのようなところにあるのではないでしょうか。

第6章

【事例】幸せを生む「住まいづくり」

「低予算でも、注文住宅にこだわった理由がありました」

それではここからは、「幸福を生む住まいづくり」とは具体的にどのようなものなのか、私たちお客様の声をご紹介してまいりましょう。

＊＊＊

東京都内に住まいを持ちたい、という思いがありました。

目黒区内に建て売り五区画の一つを土地のみ購入することができました。当時は目黒区では狭小地での建築許可が条例で難しくなるということもあって、ミニ・バブルといった観を呈していました。

なぜ、建て売り住宅を求めなかったか?

それは、自分たちの求める住まいづくりをしたかったというのが、最大の理由です。

しかし、土地購入に住まいづくりの予算のほとんどを使ってしまった私たちに、「注文住宅」の要望をきいてくれる工務店や建築会社はありませんでした。

それでも「注文住宅」にこだわったのは、主人が、住宅展示場のモデルハウスの見学に行くと、「目がチカチカする」「頭痛がする」「吐き気がする」といった、いわゆるシックハウス症候群の症状が出たからです。新築住宅に使われる接着剤などが発散される化学物質の影響で、そのような症状が出てきたのです。

自然派住宅を売り物にしている工務店も訪ねましたが、価格のこともさることながら、自分たちの扱う素材について、木材はこれじゃなければだめだとか、壁材はこうだとか、良いものを選んでいるのはわかるのですが、自分のやり方にこだわりすぎて、どちらが家を建てるのかわからない感じがしました。

まったく暗しょうに乗り上げた状態の時に、マルトミホームで住まいを建てたという方から、紹介していただきました。はじめは、「住まいの教室」に参加することからはじまったのですが、10数回も間取りプランニングをするやり方に、非常に共感を覚えました。

また、**木材会社が母体になっていることも、自然素材、シックハウス症候群に関心のある私たちには、大変嬉しい**点でした。

すでに土地購入から時間がたっているので、早く着工したい気持ちもありましたが、やはり予算が気になりました。率直に予算についてお話しし、主人が求めている自然派住宅も可能かどうか判断を仰ぎました。

マルトミホームの皆さんからは、**厳しい予算ですが、やってみましょう、という予想外の嬉しいお返事をいただきました。**新築モデルハウスでは、さまざまなシックハウスの症状が出た主人も、マルトミホームの建てた住宅の見学をした時には、その反応が出なかったのです。

しかし、いざお願いしようというとき、私の実家の父からの「待った」がかかりました。予算がないのに注文住宅対応。無垢の木材もふんだんに使うなんて、話がうま過ぎる。だいたいマルトミホームなんて聞いたこともない。よほど金が足りないから、契約金がほしいのではないか。工事の途中に倒産でもされたら、どうするんだ、ということで、田舎からわざわざ上京し、マルトミホームの社長さんと面談することになったのです。父は失礼も省みずに、社長さんに「この仕事を倒産しないで、やり遂げることができるのですか？」と単刀直入に問いただしました。

社長は常に淡々と「責任を持って仕事を達成させる」こと、「会社の信条は、三方良し、**住む人良し、建てる会社良し、社会良し、**である」ことを話してもらい、父も納得してくれました。父の人生は経験の中から、社長やスタッフの人柄や言説の中に嘘がないことをわかってくれたのでしょう。

狭小地であること、防災地域であること。さまざまな規制の中での住まいづくりでしたが、「できた」ことの方が多かったし、それを実現してくれたマルトミホームには感謝しています。

上棟式の日、主人が亡くなったお父さんの写真を胸に行事に臨みました。主人の心の中に、住まいを建てた晴れの日を、お父さんに見せたかった、お父さんに何としても報告したかった、という気持ちがあったのでしょう。

父から夫。夫から子どもへ。住まいは、まさに人生の舞台であり、大切な環境なのだな、と感じました。

「住まいの中に木を使いたいという思いがありました」

２０１２年に江戸川区の葛西から目黒の洗足に引っ越してきました。
きっかけは洗足にお住まいのお客様を紹介され、訪問でケアをしていたのですが、さらにこの周辺のお客様も口コミで増えていったので、職場も自宅も目黒に引っ越しました。

家内の計画では、３年で家を建てるということになっていました。その中で、いろいろな勉強をするうちに、マルトミホームさんを紹介され、社長による「幸福を生む住まいの教室」を受けました。

まさに、「目からウロコ」ということばかりだったのですが、マルトミホームの事務所の木の使い方に、ぬくもりを感じて、住まいの中に木を使いたいと思いがふくらみました。不動産屋さんやマルトミさん、さまざまなつてを頼って、今、住んでいる場所を中心に土地探しを試みました。

10軒以上の土地や中古物件（マンションを含む）を紹介されましたが、なかなか良い条件のものがありませんでした。私の中では、諦めもあったのですが、妻の努力のおかげで、築16年の中古住宅付きの物件を見つけることができました。

そして**「木を使いたい」、「広いリビングにしたい」という思いを中心にリフォーム**をすることができました。

リビングの床の杉の木は、落ち着いた感覚を与えてくれます。

3人目の子どもにも恵まれました。毎朝、私は木の床を磨く、雑巾がけをしています。それによって、神聖な空間になっていくような気がします。〝木〟が喜んでいるような感覚になります。業者を選んだ基準は、社長さんをはじめ、スタッフの方の「人柄」です。

正直言って技術的なことは、私たちは素人なのでわかりません。ただ、この人は嘘をついているかどうかはわかります。その「人間性」の部分で、マルトミホームを選びました。

「子どもたちが以前より落ち着いているように感じます」

私たちが、一戸建てにこだわったのには、三つ理由がありました。

①将来、自家用車を持つつもりだったので、駐車場付きの住宅がいいな、という思いからでした。マンションでは、月々の駐車場費が馬鹿にならないからです。

②マンションを選ばなかったのは、月々の管理費や、修繕積立金などコストがけっこうかかることを知ったからです。

③地域の環境にこだわっていたからです。

すでに1回引っ越しをしているので、子どもたちに、もう一度生活環境を換える負担を与えたくないという思いがありました。子どもたちのお友達や、私の友達関係を、地域の中で大事にしたいと考えたからです。

マルトミホームに出会って、夫と「幸せを生む住まい」の教室を受けました。**住まいという最も長い時間をすごす環境を整えるということを学びました。家族の団欒、健康がなければ、幸福になれないということを感じました。**

私の場合、建て売り住宅内部の「ヒヤッ」とした感覚。あっこれが、シックハウスなんだなぁと思いました。だから、どうしても、自分たちの住まいには、〝木〟のぬくもりがほしかったのです。

子どもたちにとっても、今の住まいは、居心地がいいんだなと感じます。マンション住まいの時に比べて、子どもたちが、ほんとうに落ち着いています。〝木〟のあるリビングのぬくもりを感じているのかなと思います。

3階が子ども部屋なのですが、二人の男の子たち、各々に部屋の壁紙を選ばせました。それによって、自分の部屋にとても愛着を持ってくれています。

住まいづくりは、当たり前のことですが、業者まかせではなく、住む人が一つひとつ決めていけることが、大切です。

中古住宅の中でのリノベーションの中には、さまざまな制約もありますが、できることもたくさんある、と考えています。

「大工さんが私たちのライフスタイルをよく理解してくれました」

「ドーン」という音と共に屋根瓦が抜け落ちて、火柱がたちました。1階の工場部分の漏電が原因で、45年住み馴れた住まいは、外側の柱を一部残して、ほぼ全焼という形になりました。

1階が工場、2階が住居といった典型的な町工場のつくりでしたが、火の勢いは、おばあちゃんの部屋の押し入れを、煙突にして伝わり、各部屋を燃やし尽くしてしまったのです。

一瞬にして、住まいも職場も失った私たちに声を掛けてくれたのは、大工のMさんでした。彼とは子どものサッカーチームのボランティアを通じて、長年つきあっていたので、気心もしれていたし、相談しやすかったのも事実でした。

まず焼け焦げた現場をどうするか？　カメラの部品づくりのための機械が5機あっ

たが、すべてスクラップ。機械、部材、家財、住宅の一部の燃えかすを、どう片づけていくのか？　これが当初の私たちの課題でした。

焼けこげを片づけるのに、1平方メートルあたり、約三日もかかり、3カ月間は、ゴミ片づけにかかったのです。

10年以上も大工の親方の許で修業した大工のMさんだからこそできたのでしょうが、ほぼ全焼に近かった私たちの家の再建は、今の職人さんの力では、できなかったのではないでしょうか。

半分焼け落ちた柱をつぎ足したり、梁や柱もすべて手加工で、臍《ほぞ》をきって立てていく作業も、Mさんたち熟練の大工さんたちはなんなく行っていましたが、本来は大変なことのようでした。

今の建築現場は、プレカットといって、構造部分のほとんどが機械によって加工され、大工は、それを「建て方」と称して、まさに加工ができあがったものを建てるだけが、仕事になっているのだそうです。

今回の私たちの家のような場合、新築ならば対応できる工務店やビルダーもあったでしょうが、このようなリフォームというか、ほぼ建て替えのような大改修は、熟練の大工さんを抱えている、マルトミホームさんのような会社でないと、難しいのだと思います。

火事で職も住まいを失って茫然自失状態になっている私たちに、大工のMさんは、棚をどうつけるとか、といった細々としたことまで聞いてくれました。

今までの生活の中心の1階部分の工場をリビングに変える。これが最も大きな変化だった、と思います。

働く場所から、みんなが集まりくつろげる場所へ。全面床は、杉のフローリングに。壁もしつこくならない程度に、杉の壁板を貼ってもらいました。

杉の持つおとなしい木目と色調。そして、裸足で歩きたくなるような足触り。生活の中心であるリビングにふさわしい空間になりました。当家を訪れるお客様は、どなたも落ち着くね、と言ってくださいます。

完成間近の現場を、マルトミホームの社長さんが来て、一つひとつの部屋を見ていかれて、開口一番「いつもとできが違う」とおっしゃっていました。

会社の棟梁格の大工さんがやっている仕事ですから、仕上りは、一定で同じなのでしょうが、社長さんいわく、細かい気配りが随所に見られる。おさまりも非常にキレイにできている、とのことでした。

2階の夫婦の部屋、母の部屋、各々で扱っている材木も、桐の床材、桧の役柱など、吟味してもらいました。

こういう人がこういうふうに生活するというイメージがあればこそ、大工さんも一つひとつの細かい工夫、配慮ができたのではないでしょうか。私たちの場合は、Mさんと長年プライベートでもお付き合いしているので、このように私たちのライフスタイルをよく理解してくれたこともあると思います。

なによりも半年にもわたって、現場に入って、私たちにぴったり寄り添ってくれたことがあったからこそ、可能だったと思います。

棟梁格の大工さんを、ほぼ半年、私たちの現場のためにだけ仕事をさせてくれたことは、考えてみれば、大変ぜいたくなことであり、感謝しています。

たしかに火事というのは災難でした。しかし、その片づけや大工さんの手伝いをしながら、私の中でも、もう一度、みんなが集まれる、幸福のある住まいをつくりたい、という思いが強くなってきました。

それが現実化し、家族3人が、今、幸福に過ごしていることに感謝しています。

「明るい日差しが入る清々しい空間になりました」

私たちは3人姉妹なのですが、3家族各々が、マルトミホームに家を建ててもらったのです。はじめ、次女の連れ合いのAさんが家を建てるにあたって、いろいろな本や知識を求めていました。その中で、マルトミホームの会長の冨田さんの本に出会い、持ち前の行動力からか、冨田先生に直接お会いすることに成功したのです。

予算的なこともあって施工自体は、近所の業者に頼んだのですが、間取りプランは、マルトミさんに何度となく打ち合わせをした結果できたのだ、と聞いています。また、仕様書まで書いてもらったのですから、ほんとにAさんは幸せものですね。

このAさんのお陰で、私もいつか家を建てるなら、マルトミさんにお願いしたい、と素朴に考えていました。

このチャンスは意外に早く、訪れました。私は長女ということもあり、主人には何年か前に先立たれていたので、実家の両親と一緒に、私の息子と娘で5人暮らしをしていました。

私が看護師ということもあって、生活の時間が不規則であったこと、子どもたちも年頃になり、自立していくようになったこと等を考えて、3人での生活、3人の住まい、ということを考えるようになったのです。といっても長女なので、長年一緒に暮らしていた実家の両親の家と遠く離れて暮らすことに抵抗がありました。スープの冷めない距離とはいかないまでも、同じ町内には住みたいなぁと考えていました。

土地探しには時間もそれなりにかかったのですが、理想の土地を手に入れることができました。早速、プランニングに入り、日当たりの良い広い2階の空間をリビングにしました。敷地自体、ちょっとした坂の上の頂上に位置したので、ほんとうに日当たりもよく、眺めのよいところです。

私自身、仕事柄家にいることが少ないので、あまり要望が少なかったようです。迷ったのは、リビング中心に広々とした空間で家族が集まれる場所。それも壁、天井、床といったほぼ全面杉の板を貼って、ほんとうに自然の中にいるといったイメージになりました。そのリビングの中に四畳半ほどの小上りの和室スペースを島のように、ポッカリつくってみました。

当初はふすまか障子といった建具を入れて、孤立した空間にして、実家の両親にも泊まってもらうように考えていましたが、オープンなスペースにしました。

小さな仏壇ですが、そこに亡き夫の遺影を飾っています。家族3人と言いましたが亡くなっても、家族は家族。建具で部屋を区切らなかったのは、亡き夫とともに、リビングを共有したかったからです。

1階スペースは、私も含めて、3人のプライベートスペース。お陰様で、どの部屋も広々として、気持ちが良いです。特に娘は東向き、私は東南の角部屋で、朝の明るい日差しが入り、ほんとうに清々しい空間になりました。この二つの部屋からは、ウッドデッキで外に出られるアプローチもつくり、**部屋の広さ以上の広さを楽しむことができました。**

息子の部屋は北窓の部屋。この住まいづくりの頃は、ちょっと気弱なところもあった息子でしたが、「北窓は、天才の窓」と「住まいの教室」で学んだ通り、**ちょっと厳しい環境が、子どもを少しずつ強くしてくれた**ような気がします。

息子は、ほんとうに漫画が好きで、今までは乱雑に置かれていたりして、ダンボールの中にしまわれていたのですが、大工さんが息子専用のコミック専門の本棚を、りっぱな無垢材でつくってくれました。まさに蔵書スペースという感じでした。また、ちょっとした秘密の押し入れスペースがあって、男の子の心をワクワク、強くさせる仕掛けがありました。

3番目の妹夫婦の住まいも、私たちとは、また違うコンセプトで建てられていました。妹が気心の知れた方を相手に、看板のない美容室を営んでいたので、店舗としての要素があり、また、2階は若いのにもかかわらず「和室」があって、そこで親戚と、隅田川の花火を見たい、という思いがあるようで、私とは違うけれど、素敵な選択だなと思いました。

「扉の冷たい感じをどうしても変えたかったのです」

お客様の声をご紹介しましたが、私たちの側から見た、お客様とのやりとりについて、いくつかご紹介させていただきます。

＊　＊　＊

「マンションのリフォームを考えている人がいて、マルトミさんを紹介したいのだけど」と、仕事をさせていただいたお客様からご連絡がありました。うれしいな、ありがたいなと、お会いさせていただいたのが、Tさんです。

都内に住まれていましたが、やっぱり住み慣れた川崎が落ち着くので戻ってきたと話され、「リゾートみたいな感じにリフォームしたくて」というご要望でした。

現場に一緒にうかがって、中を拝見しました。「初めてこの場所を案内された時から、この扉が、気になっていて、この扉を、冷たくない感じにできないかな、それで、この壁の後ろに入らないかな。ワンルームのようにしたいのです」と遠慮がちに、やりたいことを言ってくださいました。

「実は、マルトミさん以外にも不動産屋さんから紹介された工事会社があって、そこからは、もったいないと言われているんです」

築10年で、まだ手を入れなくてもいいくらいきれいなお部屋です。そこに、既製品の天井までの大きなすっきりした、デザイン的には、かっこいい扉がある。そのまま使ってもいいくらいです。

でも、今の仕様では、3枚の扉は、寄せても2枚分の開口しか取れない。たしかに、3枚引き込んだ方が、機能的に使えます。そして、Tさんは、その材質がどうしても冷たいと感じている。**何とかしたいという気持ちは、ひしひしと伝わってきました。**

「木製建具に入れ替え、3枚引き込む仕様に変えることはできますよ」と提案をさせていただきました。

「既製品ではできませんが、木を使った特注でつくるなら可能です。わが社の得意とするところです。それなりの費用がかかりますが、他の工事の必要性と、希望の度合いを考えて、予算を増やすのではなく、やりくりしてみてはどうでしょうか？」

話を重ねるうちに、やっぱり広げて使える方が、機能的で、「この扉が、この部屋に入ってきた時に、一番気になって変えたかった」との思いから、決断していただき工事となりました。

クロスも、一つひとつ決めていただきました。

「リゾート風にしたかった。今まで13年くらい、いくつかのマンションを住み替えてきたのですが、どのマンションも無難な白い色で、なんとなく他人行儀で、自分の空間のような感じがしなくて、くつろげなかったんです。だから、今回のリフォームは、自分がくつろげる空間にしたくて」

さわやかな風を感じられるグリーンをリビングに、ちょっとポップなピンクを、トイレの天井に、シューズクロークは、扉を開くと楽しくなるような柄です。マンションの壁は、フック一本も取り付けにくいので、ハンガーかけを、クローゼットの横にさりげなく設置してみるなど、とにかく、リフォームして良かったと、喜んでもらえたらいいなと、現場で職人たちと話し、提案をさせていただきました。

また、マンションのリフォームは、セキュリティも気になります。一つの工事で、いろいろな職人さんが、出たり入ったりします。**いつもの職人さんと仕事ができることは、工事側として、お客様に安心な工事をお届けできる**と思っています。工事の期間だけでなく、その後も安心してお住まいいただけるよう気を配りたいのです。

値段だけで、職人さんを選ぶのではなく、その現場の状況に合わせて、お客様が選択できるように、お話しさせていただくことを大切にしています。どうしても値段だという現場もあります。であれば、値段で仕事をする。ある程度の質と値段となれば、この程度であれば、この値段というように、お客様と一つひとつ積み上げていき、パートナーとなる。それが、「幸せを生む住まいづくりだ」と、これを実践してきた先輩から、教えられています。

もちろん、お客様の要望をかなえたい、でも、アドバイスも必要、何がしたいのかを掘り出していくそんな作業の中から、お客様と一緒にそれを見つけた時の喜びは、この仕事の醍醐味だと思います。お客様が不安になるのは、当然です。できあがったものを買うのではなく、これからつくるものを想像しながらなのですから。

リフォームは、安い買い物では、ありません。想像していただく時間は、大事だと思います。マンションのリフォームは、購入されると、引っ越されるまでに、現在のお住まいと、次のお住まいの二重のローンの負担が、発生することもあります。その期間は、短い方が、負担も少ない。引き渡されたら、すぐに工事にかかれる工夫も、欠かせません。

限られた時間の中で、どこに時間を使うか？　値段の交渉の時間、プランの打ち合わせ時間、何がいいか考えてみる時間、そんなことも話せたのが、今回のリフォームのポイントだったと思います。

「朝、キッチンに立つのが楽しくなりました」

関西から出て来た知人が、結婚を機に神奈川に家を建てることになりました。「土地がみつかって、設計は進んでいる」、でも、「幸せを生む住まいづくり」には、「興味があるから」と教室に参加してくれました。「これでいいのかなと、キッチンのことで悩んでいる。図面見てアドバイスもらえないか」と相談を受けました。

一緒に来てくださったご主人は、「どうしても、2×4で建てたい」と、話してくださいました。実は、我が社の得意な工法は、伝統的木材軸組工法、柱と梁を使う工法で、2×4ではありません。それぞれの工法に、メリット・デメリットがあります。2×4を施工したこともありますが、伝統的軸組工法を最終的に採用した一つのポイントとして、この工法は、家族の構成が変われば、それに応じて変えていけるものであるということがありました。その点も、お話ししたところ、やはり2×4にこだわりたいとのご意向で、今回は、図面のアドバイスという形になりました。

話の進んでいる設計の担当者に、無用な反発を起こさせないように、うまく受け取ってもらえるようにと心がけました。これも、マルトミホームの「幸せを生む住まいづくり」が、大切にしてきた「三方よし」の考え方です。お客様、業者の設計の方、そして、私ども、三方にとって、良い結果となる道を常に考えようという教えです。

土地柄は、北傾斜、北に向かって下っている斜面にあるひな壇の地所でした。2階の南側に、ベランダを持っていても、見えるのは、南側の家の1階ちょっと上。かなり日が昇らないと、日差しが入ってきません。しかし、うまいことに北東に振れている地所なので、朝日が、北東から差し込んできます。ちょうどそこが、「どっちをキッチンにしよう」と迷っていた間取りの位置でした。北東の窓から光の入るところにキッチンを、そして、その延長にテラスを持ってくる案を提案しました。朝一番気持ちのいい場所になるようにとの思いからでした。また、北傾斜なので、そのテラスからは、空が広く見え、公園の緑の借景もプラスされてくるだろうと思いました。

後日、できあがってから、「なるほど、マルトミさんが言ってくださったことが、わかったわ。朝キッチンに立つのが楽しいのよ」と、うれしそうに報告してくださました。また、「すごい発想、よく思いつきましたねって、担当の設計の方が、言ってくれたの」とも。

土地には、その土地ごとの長所、短所があります。その長所をうまく、住まいに生かせた現場でした。

「こだわったのは部屋数。何パターンも検討して実現しました」

お客様との出会いは、突然起こります。電話が鳴って、出ると、

「そちらは、坪いくらで家がつくれますか?」

「広さや、間取りや、どんな素材かによっても変わるので、簡単には、お答えしにくいですが、よかったら、住まいの教室へいらしてみませんか?」

とお答えし、住まいの教室に参加していただきました。

それが、Kさんご夫妻との出会いになりました。

「どうしても、我が家は、個室が五つ必要なんです。この敷地で、どうにかなりませ

んか？」

奥さんのお母さんが、お一人暮らしになったのをきっかけに、一緒に住むことを選んで、土地探しから家作りを始められました。子どもたち3人もこれから年頃になる、だから部屋数なのですとのこと。

ハウスメーカーにも相談され、金額も間取り案も、受け取りましたが、しっくりこなかったご様子です。見せていただくと、なるほど。格好いい感じでした。でも、部屋数が足りません。

予算は、大事です。予算は、選ぶ素材や、設備で、ある程度は、調整できます。

大事なのは、どんな暮らしをしたいのか、どんな間取りならしっくりくるのか、そこを考えてみませんかと、工事の契約ではなく、間取りを考える申し込みから始まりました。

多くのメーカーさんは、契約が、一番初めのようですが、「幸せを生む住まいづくり」は、すべての打ち合わせが済み、予算の調整の話も終えた、これで、あとは、建てるだけの状況になって初めて契約となります。

紙の上で何回もプランを書き直します。多いときは、20回近くになります。知恵を出しつくし、見えない要望が出てくるには、そのくらいは、必要なのです。仕様の話、予算の話、それぞれのメリット・デメリットを話し合い、予算配分も考えていただきます。

今回も、**玄関の位置だけで4パターン考え、階段の位置でどう間取りが変わるかなど、ああでもない、こうでもないと、何度も話し合いました。**3階建て、1階、2階、3階の使い方、それぞれの階のメリット・デメリット、お母さんにどの階に住んでいただくのがいいのか？　階段の傾斜や、段数までに及びました。

予算も、いろいろな工夫の結果、希望の予算内に何とか着地。着工は、ほんとうにうれしいものでした。引き渡しの時に、なぜうちに声をかけてくださったのかうかがうと、「やはり、地元の業者さんに頼みたかった」と。「五つの個室が、こんなふうにできあがって、よかった」とおっしゃってくださいました。

協力業者の職人たちと、地元でコツコツ家族の暮らしに寄り添う仕事ができることをありがたく感じます。子どもたちのうれしそうに、自分の部屋を見ている姿が、印象に残っています。お子さんたちが、大きく成長していくのを一緒に楽しみにさせていただきたい、そんな思いです。住まいができあがってから、お付き合いがはじまる「幸せを生む住まい」づくりです。

「住まいづくり」に失敗しないために

私たちと出会って、お客様が満足のいく「幸福を生む住まい」を完成させていった喜びの事例を紹介してきました。

しかし、私たちとお客様との関係がすべてうまくいくわけではありません。

住まいづくりは、単なるものの売り買いではありません。やはり目に見えない不思議なご縁のような「出会い」があって、お客様にとっても、私たち建築業者にとっても、さらに社会にとっても良い住まい、つまり「三方良し」の、関係者みんなが、ウィンウィンの関係になれるような住まいができるのです。

失敗といっても、建ててしまってから、お客様とトラブルが起きたという話ではありません。

間取りプランの途中や契約直前に、「破談」になってしまった例を中心にご紹介していきます。

ここでは個別の事例ではなく、住まいを求める上で、私たち業者、お客様の間の、ある種のわだかまり、不信感を原因とする「こんなことでは、良い住まい、幸福を生む住まいはできない」ということをお話ししたいと思っています。

「早い、安い、うまい」はほんとうに大切？

「どんな住まいを、お求めですか？」

という問いに対して、

「早い、安い、うまいでしょう」

と答えられるお客様がいます。

もちろん、一般的な価値観の中では「早い、安い、うまい」という価値観は多くの場合は有効です。

しかし、住まいは、当たり前のことですが、牛丼ではありません。牛丼を購入する価値基準と、住まいを求める価値基準は、おのずと違います。

多くの人が、自分の人生を担保に住まいづくりをします。その住まいは良くも悪くも、30年以上も付き合わなくてはならないのです。二世代住宅の場合なら、親子二世代にわたって、住む人に悪い影響を与え続ける住まいに住まなくてはならないのです。いわば欠陥商品を、欠陥であることを認識しないままに、お金を払い続けなくてはならないのが、現代住宅にとり囲まれている現状であるかもしれません。

その意味で、住まいのことをじっくりくり学ばなくてはならないし、じっくり家族の今、家族の将来について、深く、深く考えていかなければならないと思います。

しかし現代を生きる私たちは、あまりにも忙しい。そして、その忙しさのあまりに、個性的な生き方を求めるには、時間があまりない。画一的な生き方、サービス、住まいに満足せざるを得なくなっているのも現実です。

「早く、安く」という行動や思いの中から「うまさ」（結果＝幸せを生む住まい）が

ほんとうに得られるのでしょうか。

私たちのお客様のお住まいは、30年から50年の間、住み続けていただいているものが多数あります。リフォームをしながら、お子様やお孫様世代が、お住まいになっている例もあります。

これは私たちがお手伝いした住まいが、構造的により強く、機能的に優れていたからというばかりではありません。

住む人、お客様が、自分たちの住まいづくりに真剣に取り組み、家族と共に愛情を持って住み続けていただいたからこそ、長い年月住まわれる住まいが生まれるわけです。住まいは、その人たちの住まいではないのです。住まいは、子どもさんにとって、お孫さんにとっては「故郷」にもなり「田舎」にもなるわけです。

長い年月愛され、住まわれる「住まい」という結果に至るには、どうしたら良いのでしょうか。

「早さ」や「安さ」について、批判的に述べているようですが、そうではありません。

住まいとそこでの環境に、住む人間に合わせた生活をするのか、あるいは住む人間に、住まいとそこでの環境を合わせていくのか、という大命題が重要なのです。

住環境に人間の方が合わせていく生き方が、規格住宅（建売・マンション等）を選ぶ生き方です。「早さ」「安さ」は、この生き方に裏付けされているのかもしれません。

億ションのような高級建売住宅は、決して「安い」ものではないはずです。しかし「早さ」という規格型住宅、画一型住宅を選ばざるを得なくなった現代社会のゆがみがそこにあるのではないでしょうか。

この場合の「安さ」の対極にあるのは「高い」とか「高価」ではありません。「安さ」の反対は「豊かさ」です。どんなにお金をつかっても、そこにその人間の個性や心がないならば、「豊かな」住まいとは言えないのではないでしょうか。

予算がない、予算が少ないというのは「豊かな」「幸福を生む」住まいづくりとは関係はありません。

坪単価だけで判断するのは危ない

お客様が最も関心のあることは、住まいづくりの中で、どれほどの予算がかかるだろうかということです。

新築を希望する方で「お宅の会社は単価はだいたいいくらですか？」と聞いてこられる方がいらっしゃいます。

仕様も大きさも決まらないで、坪単価はいくらか、ということをお話しするのは、実は随分と乱暴な話です。本来、「坪単価」というのは、元請け業者が各職方（協力業者とも下請け業者とも言って良いでしょう）に、コストをはっきりさせるために、坪単価という概念で建築費の総額を考えていこうという業者用語です。

さて、私どもが一般的に「○○万円くらいのお客様が多いですね」などとお答えすると、「ああ、そうですか。じゃあ予算が足りないな」などと言われてしまいます。

まだ何も決まっていないのに、どんなお住まいを求められているのかも知らないのに、ただ坪単価だけを質問しただけで、ダメとかいいとか判断してしまうのは、お互いにとって決して良いことではありません。

しかし、「予算」を無視して何でも要望を言ってください、というのもまた危険です。

「予算」は予算として、お客様の中では絶対的な存在なので、それをまったく無視してプランづくりや仕様を決めても、無駄になってしまうでしょう。

私たちにも、この予算の問題で、失敗したことがあります。あまり予算、予算と言われますと、お客様も「これはダメ」「あれはいいけど、高過ぎてダメ」と萎縮してしまう場合が往々にしてあります。

私たちの考え方は、フルオーダー自由設計が基本です。予算にとらわれ過ぎると規格にはまってしまいます。

買い物かごに好きなものを選んでいって、あとはレジの所で調整をするというやり方をとります。まず夢や好みを最大限に尊重して、何を選択するか、何を捨てるかということを、お客様にじっくり考えていただくことが大切だと考えているからです。

お客様のご要望を中心に、仕様書、見積書を作りました。そのお客様、ここではAさんとしておきます。Aさんからお聞きしていた予算を10パーセント以上オーバーした見積書になってしまいました。

10パーセントオーバーした分に対して、ここは譲れないから、このシステムキッチンを少し安いものにしようとか、いろいろなやり取りがあるものです。

また、なんとか増加分の予算に対して、実家のご両親から援助を得たり、お客様の方でやりくり算段していただくことも多々あります。

Aさんの予算を無視していたわけではないのですが、配慮が足りなかったと思います。10数回にもわたるプランニングの中で、お客様とわかり合っているという過信のなせるわざだったと思います。

Aさんは「これしか予算がないと、前から言っていたではないか。それなのに、高い見積書をつくって出すとはどういうことなのか」と大変立腹されてしまいました。

予算のことは聞いていました。しかし調整できるのか、と思っていたのは私たちの間違いでした。

Aさんの奥様は、ここまで長い時間をかけてプランづくりをしたのだから、もう一度予算を考慮した見積りを出してもらって、契約しましょう、と言ってくださったのですが、結局Aさんの怒りは鎮まらず、このお客様の仕事は破談になってしまいました。

お客様は各々「予算」をお持ちです。その予算をオープンにされることは大変重要ですし、必要なことです。

ただ、「予算」を少なく見せたり、出ししぶっているといい住まいはできません。後で「こんなにいい仕事をしてくれるのだったらもっと予算を出してあげるんだった」などと言われることもあります。

予算に縛られ過ぎず、もっと柔軟な心と頭で一緒に向き合うことが、お客様にとっても私たちにとってても重要なことです。

ゆめゆめ、**坪単価だけで判断してはいけない**と考えます。

A社が安く、B社が高い。A社は坪単価○○円、B社は坪単価△△円。単純な比較はできません。同一仕様で、同一の面積であれば安い、高いの比較は可能です。目に見えないところでの材料まで比較しているのだったら、高い安いの比較はできるかもしれません。

名目上の坪いくらかという単純な発想や比較では、契約後に「この棚はオプションです」「このドア建具は標準仕様で、こちらをお選びになると、こうなります」といった類の追加料金といったかたちで請求してくる業者もいます。

どうぞお気をつけください。

それは「ほんとうの要望」に基づいた提案か

これも失敗談です。

この失敗は、お客様の要望をくみ取れないまま、プランを進め、仕様も決まり、「契約ですね」「いつ着工ですか」といった段階に入っていながら、結局「破談」になってしまったというものです。

Bさんご夫婦と息子さんがお住まいの家があります。元々私どもで建てさせていただいたものです。

息子さんといってもお仕事をされていて、結婚を見据えてその家から独立する予定になっていたのです。

Bさんは他に中古住宅も持っておられて、その中古住宅を大リフォームして、息子さんが住むようになっていました。

建て売り住宅だったので、住む人に合わせたものではありません。

1階は半地下になっていて、2台分の駐車スペースがあるのです。しかし、どうみても出し入れが難しいそうです。

そして玄関も2階にあって、1階から玄関にいく階段も2台分の出し入れがあったので、階段の位置がどうしても良くありません。

週何回使うか否か、あるいは月何回しか使わないかもしれない自動車の出し入れを優先するあまりに、毎日使う玄関とそのアプローチがなおざりにされているのでした。既存住宅、中古住宅をリフォームするという場合は、どうしてもその住宅が持っている個性に引きずられてしまいがちです。

このリフォームの場合は、依頼主であり、お金を支払っていただくのは、Bさんご夫妻でした。そしてBさんたちとは元々住まいづくりで、お仕事をさせていただいた関係もあり、ある程度の人間関係もあり、理解もありました。

しかし、今回、実際に生活されるのはBさんの息子さんであり、今は独身でも、将来の住まいはBさんの息子さんの家族であるのです。

Bさんが「リフォーム」という結論を出されてから、「リフォーム」のプランしか私たちにもありませんでした。リフォームを前提として、何回もBさんご夫妻、息子さんと打ち合わせをしていったのです。しかし、ほんとうはリフォームのプランだけはなく、この不便な半地下駐車場と2階玄関を解消した、スッキリした新築のプランを提示すべきだったのです。それがこのBさんの息子さんの人生、住まいに向き合う立場であるはずでした。

Bさんの息子さんは、自分が住むのであろう中古住宅のリフォームプランができあがればできあがるほど、何か空虚な気分になっていったのでしょう。

職場の先輩に相談すると、新築をしてくれる工務店を紹介され、結局その工務店での新築を選択されました。

私たちが「新築」ができなかったわけではありません。リフォームにとらわれるあまりに、新築の可能性、新築の方が住む人に良いというこの提案ができなかった、お客様のほんとうの要望を感じることのできなかった私たちの苦い経験でした。

家族の誰かをのけものにしてはいないか

ある方のご両親から住まいを建ててほしいとこんな依頼をいただきました。

「○○県に嫁にいった娘が、今度家を建てることになった。マルトミさん、一つ相談にのってもらえないだろうか」

Cさんの家族構成は、Cさん夫婦に、3歳の男の子一人。そしてご主人のお母さんの4人暮らしでした。

Cさんとは年齢も近く、また東京から来たという親近感もあって、Cさんご夫婦とのプランニングは順調に進みました。

農家ということもあって、敷地は広くさまざまな可能性があったのですが、Cさんはお母さんとの同居家族を選択されました。

そして、プランニング、設計をマルトミホームが担当することになり、遠隔地のため知り合いの工務店に施工をお願いすることまで決まりました。

しかし、順調にいっていたはずのプランニングが不調になってきました。

当初は、Cさんご夫婦を中心にしてきたプランも、夫婦の間にいろいろと意見の対立が出てきたのです。夫の姉との意見の対立、親子の意見の対立。これ自体が悪いことではありません。対立する意見は、逆に家族の中にあるさまざまな要望が顕われてくることで、悪いことではなく、かえって歓迎すべきことです。

潜在化している家族の要望を、引き出して、家族各々の要望を調和させていくことがプランニングの醍醐味なのです。

ですが、このCさんの場合、夫婦喧嘩がエスカレートし、離婚話にまで進みかけていきました。

Cさんの場合、ちょっと特殊なことのようなのですが、実はこのトラブルの芽は最初からあったのです。そもそも、この新築のプランにはお姑さんが、かかわってこなかったのです。

プランや仕様決めに参加を促しても、「若い人たちが決めることですから」と遠慮されるのです。

お姑さんとお嫁さんの関係、Cさんの夫婦関係、Cさんの母子関係、さまざまな人間関係が入り組んでいました。

そして何よりも、同居世帯を選ぶか、二世帯を選ぶかは別としても、家族全員が「幸福を生む住まい」を求めるのだ、という強い意志がなかったように思えました。

Cさん一家の住まいづくりには遠距離ということもあって私たちは身を引きました。

ご家族全員としての取り組みがないと、住まいづくりは進まないと思うのです。

できれば夫婦そろってプランニングを

Dさんの例もそれに近いと思います。

Dさんは老夫婦の二人暮らし。たまに家に帰ってくる息子さんのことを考慮するとしても2・5人家族といっても良いと思います。

住まいの教室に参加されるのもDさん。

プランニングの打ち合わせもDさん一人。

奥さんは参加されません。奥さんが参加されるのを嫌がっていたかどうかはわかりませんが、Dさん夫婦の長年の人間関係に原因があったような気がします。

退職金を使って、奥さんのために老後の生活環境を清々しいものにしたい、という思いがあったはずです。もしかしたら奥さんをプランニングに参加させなかったのも、奥さんが驚くプレゼント、新築という最高の贈り物をしたかったのかもしれません。

しかしDさんの奥さんの、Dさん経由で来る要望をお聞きしていると、なんとなく靴の上から足をかくようなもどかしさを感じていました。

Dさんの奥さんもきっと同じ思いをされていたのではないでしょうか。Dさんを通じて要望を会社に投げかけても反応が今一つ返ってこない、もどかしさを感じていたはずです。

Dさん宅は完成しました。もしDさんの奥さんが教室から参加したり、仮にケンケンゴウゴウの夫婦喧嘩もあるようなプランニングがあったとしても、それはそれで良かったですし、そのような「苦労」こそが「幸福を生む住まい」の完成の感動、感激につながっていったと思うのです。

住まいづくりは家族皆でやるものなのです。

幸せを生む「住まいづくり」五つの条件

今考えれば、青かったと思う事例です。

近所のYさんが、家づくりの相談に来られ「幸せを生む住まい」の教室を受けられました。ご相談に来られたのは、奥様。教室も奥様一人で受けられました。

内容は、ご主人は起業したてで、ローンを組めず、奥様がローンを組んで家を建てること。家族は、ご主人とお子さん（小学生）との3人。建てたら、自分のお母さんを呼んで、同居すること。お母さんからの支援は、当てにできないこと。ご主人は、同意しているが、ご主人のご両親は、反対しているとのことでした。

この話を聞きながら、私は、先輩から教わってきた「幸せを生む住まい」の五つの条件を考えました。

幸せを生む住まいづくりには、「家族の健康」「安心平和」「子孫の繁栄」「家庭の経済」「快適」の五つの条件があります。

「それを、どう住まいづくりに落とし込んでいくか？　そこが大事だ」と教えられ実践してきました。一見、住まいづくりとは、関係のないような内容ですが、「家は、ただの建物ではない」という私どものこだわりです。

このまま、このご夫妻が、家づくりをされて、安心平和な心持ちでいられる家庭になれるだろうか？　家庭の経済は、どうなのだろうか？　無理をさせてしまうのでは、ないだろうか？　家を建ててもらえれば、こちらは仕事になるのでうれしいが、「そうですね、建てましょう」と進めていって、その後、無理な暮らしをさせてしまうかもしれない。それでも、要望だからと、進めていいのだろうか？

ご主人の話もうかがいたくて、教室は、ご夫婦で受けていただくことをおすすめしているので、ぜひ、ご一緒にいらしてくださいと話しました。

ご夫妻で来られた、ご主人の反応は、自分の部屋があればいいとの内容。その後、家計のやりくりの話を相談し、すべてが奥様の名義になるのは、やむをえないことだが、その家族の中でのご主人の位置、家族の関係を考えました。

五つの条件がそなわらなかったら幸せを生む住まいにはならない、その先輩の声が、頭の中にこだましました。2階建てなら、費用的にもYさんの将来にとっても無理のない内容で、何とか幸せを生む住まいをご提供できるだろうと、「2階建てならお受けします。工夫してみましょう。3階建ては、費用的にも無理することになる。家族のためにも考えてください」とご提案させていただきました。

しかし、「どうしても、3階でないと、部屋数が、足りない」とYさん。結局、3階建てを建ててくれる会社があって、そちらで建てることになったと連絡いただきました。大丈夫かなと思っていると、「すぐ建ててくれる、銀行も紹介してくれてすぐローンを組んだ」と、知らせがきました。

工事が始まると、Yさんが、こんな工事でどうしたらいいのかと、施工業者への不満を相談に来られました。「おかしいと思ったことは、工事店に話した方がいいですよ、工事しているうち、お金をまだ、業者に払いきらないうちに、お話しされて、業者さんとの信頼関係をおつくりになられることです」と、話しました。その後は、Yさんが来られることはありませんでした。

今頃、息子さんは、高校生、いや、大学生になられているかもしれない、一番養育でお金のかかる時期、どうされているのかと思うことがあります。力の及ばなかった経験です。

工務店が無理をしてしまってもいけない

私たちは小さな工務店です。

しかし、私たちの仕事は、お客様直結の仕事、エンドユーザー直結の仕事です。

どんな大きな工務店でも、あるいは建設会社でも、お客様の依頼を受けて仕事をするのではなく、どこかからの元請けの仕事をしているとすれば、言葉は悪いかもしれませんが、「自作農」的経営ではなく、「小作農」的工務店経営と言えるでしょう。

それゆえ、私たちはお客様の意をくんで、協力業者とともに、住宅づくりやリフォーム等の諸工事に邁進しているのです。

一方で「設計監理」ということで、設計士の先生方とお仕事をすることがあります。先生方のお仕事は、「工事中に施工業者が図面通りの仕事をしているか、手抜き工事はないか等の工事管理」です。

私たちは小さくとも「元請け」で、エンドユーザーであるお客様の仕事を直に受けています。その意味で、最高の「監理者」は、お客様自身と考えています。

設計士による「監理」の場合、往々にして施工業者を「性悪説」的に捉える傾向があるように感じます。

未熟な時代の私たちに、こんな苦い経験がありました。ある地域で木造平屋の建築依頼がありました。ブランドのある桧材を使った数寄屋風の建造物で、20年に一度あるかないかの仕事で、私たちもぜひやってみたい仕事でした。

お客様は、地元の工務店に依頼するつもりだったのですが、デザイン、設計監理を依頼していた設計事務所が、３社の建築会社を集め、コンペになりました。

私どもの優位性は、ブランド桧の調達力と、過去に何回も数寄屋住宅をつくっていたことが挙げられます。

もちろん、仕事をとりたかったこと、3社での相見積もりであることを加味すれば価格面では大いに安くすることになったのかもしれません。

この辺から、仕事の「無理」が始まったのだとも思います。

設計士の求める要求と私たちのお客様直結の仕事のやり方は、いろいろなところで、ぶつかりがありました。お客様とのコミュニケーションも、やはり、設計士が間に入り、なかなかうまくできませんでした。

些細なことの行き違いが度重なり、「早く完成させて、引き渡したいな」という雰囲気が、私どもの現場監督からも出ていました。職人たちからも出ていたと思います。

建物的には、素晴らしいできになった、と思うのですが、引き渡しの当日に、ハプニングがありました。本来、私たち業者の立場からすると「長い間、仕事をさせていただき、ありがとうございます。どうぞ末永く私たちが心を込めてつくり上げたお住まいで、幸福にお暮らしください」という思いを表明する場であり、またお客様からすると私たち業者に対して「ご苦労様。一所懸命仕事をしてくれて、ありがとう。大切にこの家を使いますよ」といった、労いと感謝の思いが、融合する、心温まる時間であるはずです。

しかし今回は、お客様から厳しいお叱りを受けました。「設計士とうまくいっていないのは承知しているが」と前置きしつつ、できあがりの「結果」よりもできるまでの「プロセス」、つまり仕事に取り組む態度や心構えにご指摘、お叱りをいただきました。

住まいの「結果」をつくるのは工務店の施工力です。しかし、お客様は実は**職人を含む関係者が、お客様のご一家の幸福を願いながら、仕事をしているかどうか**、という「心」の部分「気持ち」の部分が気になっていたのです。

その後、私たちは社内でお客様特命以外の仕事はやめよう、設計監理の下の「施工」だけの仕事はやめようということになりました。

このお客様とは、その後どうなったか。

建具のおさまりがよくない、門扉が壊れた等々、その後もお仕事をさせていただいております。

住まいづくりは長いお付き合いになるのです。

終章

私たちの仕事のやり方、手順について

出会いはご縁

最後に私たちの仕事の進め方を書いて本書を終わりたいと思います。

すべてのことには出会いがあります。出会いなくしては、何事も始まりません。そして、この出会いこそが、ご縁です。このご縁を感じられる関係の中に、「ああ、このお客様に出会えたのだ」、あるいは私たちに対しても「お互いに、縁があったんだね」といわれるような何かを感じたいのです。

私たちの住まいづくりが、同業他社より安い、同業他社より工期が短い、耐震性に優れている、デザインが良い等々の合理的理由を超えて選ばれる「理由」が実はこの「出会い」に隠されていると思います。

私たちとお客様とを引き合わせる何かがあるのです。

住まいの教室

私たちは、住まいの教室（別名ホーミー教室）を開催しています。ユーザー教育という視点で、多くの住宅関連業者が、「教室」やセミナーを行っています。しかし、その実態は、工法の勉強会であったり、ローンの勉強会であったり多種多様ですが、正直申し上げて、どこでも聞ける内容と言えるでしょう。

しかし、私たちの「住まいの教室」は、私たちにしかできない「教室」です。別名ホーミー教室という大変ユニークなものです。

あらためて、ホーミースタディグループについて、ご説明しましょう。

ホーミースタディグループ（以下ＨＳＧと略）は、全国の工務店、建築業者、材木屋、設計士などなどが集まる住環境研究グループです。

ＨＳＧは、昭和56年（１９８１年）に冨田辰雄が「幸福を生む住まい」という理念のもとに創設し、現在に至るまで住宅づくりに携わる実務者たちで形成されています。

ホーミーという言葉も、ホームを転用した和製英語です。ハウス（ＨＯＵＳＥ）ではなくホーム（ＨＯＭＥ）の研究。つまり、ハウスという建築物ではなく、ホーム（家庭）を研究するという意図があるのです。

家庭という字を分解すると、家と庭になります。家とは建物、庭とは自然です。住宅の中に、どのように自然の恩恵を取り込むか、これが、ホーミーの基本的な考え方であり、目的です。

人間は、本質的に自然の一部であるがゆえに、自然の恩恵、つまり太陽の芝、新鮮な空気、木材などの自然素材を取り入れることが人間をリラックスさせ「幸福」な状態にさせるのです。

それでは、ホーミー教室、住まいの教室で何を学べるのか、ご紹介しましょう。

- **住まいを求める目的**
- **住まいの本質**
- **住まいが人間にもたらすさまざまな影響**

●住まいの三大要素

このようにして書くと、何か大きなテーマのようで、小難しくて、堅苦しく感じられるかもしれませんが、クイズを取り入れたり、ちょっとレトロな映像で勉強したりと、とても楽しいと思います。

この教室は、元々、住まいを求める人（ご家族）を対象に行ってきました。これは現在でも変わっていません。しかし、住まいとは、それが、マンションであれ、貸家であれ、一戸建てであれ、どなたも「住」にかかわっていない人はいません。だから「住」の本質を知ることは、大変大切なことであり、人生設計を変えることにもつながります。今は、どなたにも、参加していただけるように、私どもでは、ダイジェスト版の住まいの教室（といっても2時間）も行っています。

極力不特定多数のセミナー形式ではなく、少人数での教室を行うようにしているのも特徴です。なぜなら、私たちの仕事は、この教室の中で、お客様と私たちの住宅観を一致させることを目的としているからです。

住宅観とは、住宅に関する基本的な考え方です。

住宅とは、単なる建物であり、人間を収納する箱である。住宅とは、オーナーの趣味嗜好を実現するものであり、その家族への配慮はいらない。等々であれば、それは私たちと住宅観が違うといえるでしょう。

住宅観といっても、それはお客様のセンスや趣味や要望を否定するものではありません。私たちは住まいづくりのプロとして、それを実現する使命があります。しかし、プロであるがゆえに「観」の違う仕事はできないのです。

私たちが考える幸福を生む住まいづくりの「幸福」とは特別なものではありません。

一、心身の健康
二、信頼される人間関係
三、経済的な豊かさ
四、次の世代への貢献（生命のバトンタッチ）
五、自然との共生

このような「常識」的なことを、共通認識として「幸福」という言葉表現しているのです。この共通認識の上に立ち行う、住まいづくりには、無限の可能性があります。

教室は、お客様のご要望の可能性を追求する上で絶対不可欠なものです。

お客様がどれほど良い方でも、お金があっても、この教室というプロセスがなかったら、大きなボタンのかけ違いを生み出し、お互いにとって不幸な結果をもたらしてしまいます。

教室は、私たち、住まいを建てる側の業者と、お客様の住宅観の一致点を見出す場です。どちらかの特別な考え方を押し付ける場所ではなく、「幸福」という常識に裏打ちされた、共につくりあげていく場所です。

教室に参加をご希望される方は、巻末のメールアドレスまたは電話、ファックス番号までご連絡ください。私どもの事業所は首都圏にありますが、HSGのメンバーは全国にいます。メンバー企業の主催する住まいの教室も積極的に展開されていますので、ご紹介させていただきます。

住まいの環境調査

教室に参加され、私たちの仕事ぶりに共感していただいた方には、**「幸福を生む住まいの設計依頼書」**をつくっていただきます。

ここで初めて、仕事が具体的に開始されます。

一般的なハウスメーカーのような、標準仕様を入れた見積書や、簡単な間取り図のついた提案書を私たちはつくりません。あくまでも、お客様からの依頼を受けて、設計を開始するという仕事のしかたです。

そして住まいの環境調査を行います。具体的には敷地の正確な大きさや建蔽率など法務的なことを、最寄りの役所で調べます。

しかしこの時最も重要なのは、その敷地の中にどのように太陽の光が入ってくるか、近隣住宅の存在がどのように光に影響を与えるかを知ることです。

そして風の向き。これも、自然の恩恵の重要な要素です。

土地付きの戸建て住宅には、近隣の住宅の影響が大きい、といっても、マンションや建て売り住宅に比べれば、自由度があります。

自然の恩恵を受ける可能性が大きいのです。

朝日が、どの方向から入るか。正午の光は、敷地内のどこまで達するか。午後3時の光はといった具合に、敷地内の環境調査を始めていきます。

プランニング、間取り設計

いよいよ、間取り設計の始まりです。第一回目のプランニングは、私たちも緊張します。まだまだ、お客様の家族構成や今までの生活様式や価値観を熟知しているわけではない中でのプランですから、ほんとうにお客様の要望に合ったプランであるのかどうかは大変気になるところです。

しかし、お客様の幸福な家庭生活を追求する住まいづくりのプランニングの叩き台は、つくられなければなりません。

私たちの、間取りのプランナーは、何十棟、何百棟の注文住宅のプランを経験してきた者たちです。デザイナーでも、意匠設計士でもありません。デザイン性に優れているということは、住宅の必要条件ですが、十分条件ではありません。デザイン性に優れているとか、センスがいいとかといった住まいを、私たちは否定しません。いや、大いに肯定します。しかし、デザイン性やセンスがいいだけの住まいを求めても、ほんとうの意味の良い住まいにはなりません。

私の住まいの先生である冨田辰雄は、プランナーについて、こんなことを言っていました。「ほんとうの住宅の間取り設計ができるのは、60歳を過ぎないとできない」。これはプランナーの年齢を言っているのではなく、その人の人生経験の豊富さや人に対する心配りや人に対する寛大さが要求される、という意味です。

いわゆる注文住宅、自由設計を標榜しているハウスメーカーさんや工務店さんも、一体どれほどの回数のプランニングを行うのでしょうか？

私たちの住まいづくりでは、10回から20回ほどのプランニングが行われます。

「えっ、そんなにするの？　私にはそんな時間はない。もっと早くやってくれ」という方もいるでしょう。

しかし、これから建てようとする住宅は、10年先、20年先、いや50年先まで存在する可能性のある住宅です。人生を担保に差し出して、住宅ローンというお金を借りて建てる住宅です。そんな簡単に、**「今」の感覚だけで「今」の発想だけで、住まいづくりに取り組むのは危険です。**必ず後で「失敗した」と思われます。そしてその「後」とは決してそんな遠い未来のことではなく、住み始めて、すぐに気がつくことです。

プランづくりに回数を重ねることはお客様の家族各々の方々の、潜在的要望を引き出す意味もあります。お客様自身も気がついていない、隠れた要望を引き出して、人生設計をさらに幸福へと舵をとっていくためには、必要な作業なのです。

お客様自身が、赤いサインペンで図面に「ここに窓がほしい」「ここに棚がほしい」と書いてもらいます。それはお客様自身がプランナーになって、ご自分の住まいを設計することであり、人生設計することになるのです。

「ここに窓があったら、どんなに朝日が入って、明るいか」「この窓は大き過ぎると隣の家から丸見えで恥ずかしい」とか日常生活をイメージしていただくには、1回や

2回のプランニングでは、難しいと思われます。

私たちのプランナーは、お客様の「幸福を生む住まいづくり」という目的地への水先案内人であり、住まいづくりの同伴者でもあるのです。

もちろん、お客様の意見とプランナーの意見が対立することもあります。お客様の考えが住まいづくり、家庭生活の上で、失敗につながることが予見できる場合、プランナーはお客様の意見といえども再考をお願いする場合があります。

私たちは、プランナーとは別に「ホーム管理」という立場のスタッフを、このプランニングの時から配置します。この「ホーム管理」という役割は、お客様に寄り添ってお客様の意向を正しく、くみとる仕事をします。

プランナーに遠慮して、ほんとうの要望を話すことができない。あるいはプランナーと意見が対立して、間取り計画自体、先に進めなくなってしまうケースもあります。

こういった事態を解決するために、客観的な立場でお客様のプランニングに同伴する役割、このホーム管理は、お客様の同伴者として、住まいの完成まで、さまざまな業務に携わっていきます。

このようにしてつくられたプランニングは、お客様の住まいの、まさにグランド・デザインというべき存在です。住まいの理念（イデア）を体現するものです。

仕様決め、色決め

住まいのグランド・デザイン、理念ともいうべきプランニングが完成しました。住まいの骨格ともいうべき、構造設計は、専門の業者に委ね、次はどのような住まいを形づくっていくか、住まいの肉づけ、色づけという作業へと移っていきます。ここからは、住まいにどんなデザイン性や機能性を盛り込んでいくのか、またどんな素材を選んでいくのかが、関心事であり、問題になっていきます。

さらに、ここからは住宅の予算を意識していただきます。予算があまりないからといって、何もかも諦めてしまうのでは、自由設計、注文住宅の良さがなくなってしまいます。夢も希望もありません。

住まいの中で、どんな素材を選ぶのか？　木材や和紙等の自然素材か、あるいはビニールクロスやビニールシートのような人工的な素材か等々とさまざまなものへの予算どり、つまり**優先順位づけ**が必要になっていきます。

一般的な木造住宅では、木材を使っているといっても、構造部分や下地材といった、眼にも見えず、手にも触れられないところに使われるだけです。人間の日常生活に影響を与える環境では、クロスやビニールシート貼りの造作ばかりで、自然とはいえない環境になります。

一般的な木造住宅では、木材の使用金額は全体の住宅費のわずか8〜10パーセント程度です。その費用は、窓に使われるサッシよりも安く、またちょっとハイグレードのシステムキッチンよりも安いのです。

都内在住のZさんというお客様は、やはり土地購入で、住宅資金の多くを使い、建物自体にはなかなか潤沢な予算を維持することができませんでした。しかし私たちに住まいづくりを依頼するにあたって、希望されたのは、内装材として木材を眼に見えて、手に触れられる場所にふんだんに使ってほしいということでした。

そのため、システムキッチンなども機能性を重視して、別に価格的にも高いものは不要である、という選択をされました。

その代わり、リビングの机や椅子も、無垢のタモ材を使った、職人手づくりのものを求められました。

このように、「色決め」「仕様決め」には、お客様ご自身の価値観が、深く反映されます。

決められた予算の中で何を選ぶか。何をライフスタイルの中で重要視するのかが問われているのです。

予算決め、そして契約

私たちの仕事の手順の中では、**「契約」は実は最後の方に行われます。**

一般論として、ローコストをうたう住宅メーカーは、坪○○円といった価格を前面に出して、お客様の関心を引くようにします。

そして、一旦契約してからは、「それは予算に入っていません」とか「これはオプションで、別途料金が発生します」などと言って、追加料金を要求する場合があります。「安い」というイメージだけで、具体的な仕様を決めず、もちろんどんな間取り、プランニングなのかも知らずに契約してもただ「箱」のような住宅を建てる結果になります。人間が住む「住宅」にするためには、オプション、追加を繰り返す結果となり、かえって注文住宅よりも高くつく、という笑えない事例もよく耳にします。

私たちは、このようなビジネスのやり方を好みません。プランニングを数多くするのは、追加工事が発生しないようにするためでもあります。

私たち、施工業者にとっても、お客様にとっても、追加工事発生を極力減らすことが望ましいのです。

ですから、**私どもの現場では、ほとんど追加工事がありません。**プランニングや事前の打ち合わせの中で、お客様の要望を予測しているからです。

追加工事自体が悪いのではありません。工事途中に、気づくこと、新しい要望が生まれることが多々あります。これには誠実に対応していくのは、当然です。

追加工事は、サービスなのか、有料なのか。追加工事を、お客様が、現場で大工職人に依頼したが、それを会社側は把握していなかった。責任の所在、どれほどお金がかかるのか、あるいはかかったのかということをお客様は知らない。すべての工事が終了した後、これだけかかりました、と請求が来る。「えっ、こんなにかかったの？」とか「こんなに、かかるのだったら、やらなかった」とか「現場の大工さんは、こんなのわけないですよと言ってくれたから、サービスだと思った」等々。

この種のトラブルが高じて、裁判沙汰になるハウスメーカーや建て主さんもいるようです。これでは、どんな立派な住宅を建てても後味の悪い、何か暗い気持ちの残る住まいになってしまいます。

そういう意味もあって、私たちはプラン、仕様をじっくり決めてから、契約を行います。概算で契約先行などしたくないのです。

着工

さて、いよいよ着工。工事が始まります。完成まで約4カ月の期間をかけます。

「4カ月も？　他社はもっと早くやるよ」というご意見もあるかもしれません。

しかし、しっかりとした結果を出すには、そのプロセスとして、然るべき時間が必要です。無駄な時間を使う必要はありませんが、無意味に早く早くと急かす必要もありません。

私たちは、着工に際し、二つの大切にしている儀式があります。それは**「地鎮祭」**と**「上棟式」**です。

地鎮祭とは、その宅地が所在する氏神の神社の神主さんに来てもらって、「その土地でこれから、誰々さんが住まいを建てますよ」「施工業者はクボデラですよ」「工事安全を祈願しますよ」と報告する儀式です。

特定の宗教をお持ちで、この神社方式の地鎮祭はイヤだという方はいるかもしれませんが、実際、地鎮祭を提案して、やらないというお客様はいらっしゃいません。氏神や土地の神様を信仰しているかどうかという難しい問題ではなく、目に見えない存在に対して、工事の無事を祈る気持ち、住まいを建てることができることへの感謝の表明が、「地鎮祭」だと思います。

地鎮祭は、まだまだ一般的ですが、「上棟式」をする方は減っています。

上棟とは、住宅の骨組みを建てあげることです。柱や梁といった住宅の骨組みがあらわになって、こんなにたくさんの木材を使うのかと、町の中に森が出現したような感動のひと時です。

また、ほぼ一日で「建て方」を終えるのですが、2階・3階と高所で材木を組んでいく大工やとび職人の姿は、ほんとうに男らしく職人ってかっこいいなと思わせます。

上棟式は、本来これも地鎮祭と並ぶ神事でした。しかし、今は神主をお呼びすることは、私たちもしていないのが実状です。

大工棟梁、建て主が、骨組みのできた建物の四方を、米、塩、酒で清め祓っていくことをしていきます。

棟に御幣を建てて、工事の無事を感謝して、これからの仕事を一所懸命やるぞという決意と、お客様ご家族の繁栄と家内安全を祈るのです。

そして、その後、直会《なおらい》がはじまります。直会とは、神事の後、神様と人間が飲食を共にするコミュニケーションの場です。

現在、上棟式というと、この直会の部分だけが、クローズアップされがちです。お客様が職人たちに、食事やお酒をふるまったり「寸志」という形で心付けをしたりするイメージです。ですから、お客様の負担になるから上棟式をやめましょう、という住宅メーカーが多いのが現状です。

確かに住宅づくりも、完全な「経済行為」と考えるならば、なぜお客様が住宅職人に、気を使わなければならないのか。住宅メーカーの負担で、慰労すればよいではないか、という「合理的な考え方」も可能です。

しかし、住宅を建てる方を、私たちは昔から「お施主様」とお呼びしてきました。読んで字の如く、「施す主」「施す方」という意味です。住宅づくりには、大工、左官、とび等々のさまざまな種類の職人がかかわります。木材をはじめさまざまな素材、住宅部材も供給されます。住まいを建てる方の意志と経済力によって、住宅は完成するように動き出すのです。

ですから住宅関連の人々は、お客様をお施主様と称しているのです。

二世帯の建坪60坪もある住宅の上棟の日のこと。冬場なので4時半も過ぎると日も暮れてしまいます。朝から日が沈むまで、みっちり仕事をした職人たちを、お施主さんが直会の場で労るために、お手製のおでんを振舞っていただきました。

冬場の上棟の労働です。皆がおでんを口にした時、ほっとする一瞬になりました。また、上棟式とその直会は、普段接することの少ない職人とお施主さん（お客様）が交流する場でもあるのです。

上棟式をしないハウスメーカーが増えているのは、お客様に経済的、心情的負担をかけさせないという表面的な理由ばかりではなく、上棟の際の柱や梁などの説明をして、お客様に納得していただける自信がないからだと思います。

構造計算上は、ＬＶＬという合板を集積した柱や梁を使うことはまったく問題ないのですが、完工するまで、これが雨にあたらないだろうか？　20年、30年後も接着剤は効いているのだろうか？　などと心配させる素材が使われている現場があります。また、一般の方が柱や土台の木に持つイメージは、どんなものがあるのでしょうか。

桧の柱、杉の柱、桧の土台といったものでしょうか。国産材のなじみのある木材の名前を思い浮かべると思います。

しかし、現実は、どうでしょうか。主に海外の木材を集成材といって、厚みの薄い板を接着剤で貼りあわせて、一枚の板に形成し、柱にしたものを使っています。海外の木材（いわゆる外材）が悪いわけではありません。集成材そのものが悪いわけではありません。

これらの木材は構造計算上、数値がより明確になる、あるいは、優位になるという理由で選ばれています。その背景には大量消費型の住まいづくりがあるからです。以前は、大工が一本一本木のクセを見て、どこに使うかを考えていました。それが、住まいづくりの原点です。

しかし今は、プレカット工場によって、構造部材のきざみが行われていく中で、大工職人は、「番付」という工程から解放されてしまいました。技術力のなくなった職人が多くなれば、機械化が進みます。機械化が進めば、それに対応する材料が選ばれます。ＬＶＬや集成材が多用されるのは、工場生産向きの素材であるからです。

木には、「上と下」や「背と腹」や「裏と表」があります。使い方を間違えれば、致命的な欠陥を住宅に与える場合があります。

私はこの「上棟式」の場を、どんな材木を使って、どんな大きさなのかを知っていただく、**「構造見学会」の場、**また職人とはどんな人なのだろう、この大工さんたちが、自分の住宅をつくってくれるのだなと知って感じていただく**コミュニケーションの場**と考えています。

もちろん、大工をはじめ、さまざまな職人もお客様にお会いして、ご挨拶する場でもあります。私たちが、上棟日に関係のない業者や職人を呼ぶのは、そういった意味があるのです。

構造見学会とコミュニケーションデイとしての「上棟式」を、私たちはこれからも大切にしたいと考えています。

上棟式には、お客様の挨拶もあります。施工業者の代表者の挨拶もあります。

この挨拶の中に、この住まいに対する思いがあります。これが住まいをつくっていく「言葉」の力になるのです。

完工、引き渡し

いよいよ約4カ月の工事が完工となり、お引き渡しの時がやってきます。外構工事などの工事は完了していませんが、ここで本体工事は終わり、引き渡しです。引き渡し式というような大それたことはしていません。工事風景から完成までのアルバムを贈呈することと工事用のキーから、本物のキーへの変更、書類関係の引き渡しなどといった簡素なものです。

この時に、私たちがお客様にお話しするのは、

「今まで、私たちは『ください』ということを言ってきませんでした。お客様のために、私たちは『仕事をください』といった要求的なことを言ってこなかったつもりです。しかし、これからは、私たちは『アフター業務をさせてください』とお願いをします。これから、○○さんと私たちのほんとうの住まいづくりがはじまります。ほん

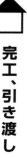

とうのお付き合いがはじまります。この住宅に、30年、40年とお住まいになっている間、アフター業務をさせていただきたいのです」

ということです。

無期限、無料保証付きなどということではありません。費用の発生する業務の方が多いかもしれません。しかし、**この住まいにどんな些細なことがあっても、ご一報いただきたい**と考えています。

昔は、どのお宅にも出入りの大工、出入りの職人というものがいました。これは「町場」という地域共同体が残っていた時代の話です。

そして、私たちは、お客様の出入りの大工・工務店というつもりで、お客様とお付き合いしたい、と考えているのです。

おわりに

本書でもたびたび登場した冨田辰雄氏は講演会の冒頭、よくこんなことを言っていました。

「みなさん、戦後の日本の社会を悪くしたのは、私たち、住宅屋です。私たちが虚飾の住宅をつくってきたからです。社会は虚飾に満ちてしまったのです。ごめんなさい」

これは、芝居がかった、ハッタリではありません。山形県の貧しい大工の息子として生まれ、中学もろくに出ず上京し、建て売り住宅をつくって販売したり、大手デベロッパーの下請け工務店として仕事をしたり、さらに自社ブランドを持つ注文住宅メーカーで成長していった冨田辰雄の人生は、まさに住宅業界そのものの縮図であり、裏面史と言っても過言ではないでしょう。

ここで言う「住宅屋」とは何だったのでしょうか。大は大手デベロッパー、ハウスメーカー。小は町場の大工、工務店までを指しています。冨田にとって、どんな有名な会社でもどんなにテレビCMを流して、格好のいいことを言っていても、住む人のためにならない住まいをつくっている会社、住む人ではなく、会社にとって都合の良い住宅をつくっている会社は、すべて、この「住宅屋」なのです。住宅屋という言葉の持つ、胡散臭さは、ここに由来しているのです。

それでは、「虚飾」とは何でしょうか?

今風で言えば、「フェイク」です。

本格木造住宅といっても、それは構造部分では、目に見えて手に触れられるところに木材が使われていない現実。

木の木目に見えても、それは塩化ビニールや、フィルム印刷でできているドア枠や建具材は、まさに、フェイクと言っても、いいでしょう。

住宅の本質を知らせることなく（いや「住宅屋」である以上、彼らも知らないのでしょう）、「このシステムキッチンには、こんな性能があります」とか「トイレに入っただけで、便座のふたが開くんですよ」とかといった機能面ばかりを言うことも、根本的な「フェイク」と言っていいかもしれません。

住まいづくりは、一生に一度の大事です。

しかし「住宅屋」の経営戦略のもと、住む人にとっての良い住まいではなく、住宅屋にとっての都合の良い住まいを買わされているとしたら、まさに、悲劇です。

そして、「住宅屋」たちの末路も哀れです。お客様の人生を担保にした、お金を虚飾に満ちた住まいを売りつけることによって、収奪しているのですから……。

私は、それがマンションであれ、分譲住宅であれ、真剣に自分の人生に向き合い、住環境を変えたいと考えている方々のお役に立ちたいと思っています。

最近ある方から「どんな住まいがいい住まいなのですか?」と聞かれたことがあります。「一言で言うと難しいのですが、**住む人が自分の住まいを、人生を真剣に考えてつくる住まいが、いい住まいづくりの第一歩**ですね」と申し上げました。

これこそが「肝」なのです。

最後になりましたが、取材に応じてくださった、マルトミホームのお客様のお一人お一人に心から感謝申し上げます。

本書を通じて、人生の器として住まいの役割を学び、幸福を生む住まいづくりを、一緒に実践していければ幸せです。

平成30年4月　57歳の誕生日に

窪寺伸浩

参考文献

『なぜ、いま木の建築なのか』
有馬孝禮、学芸出版

『棟梁辰つあんの住宅ルネサンス』
冨田辰雄、光雲社

『幸福を生む家の建て方』
冨田辰雄、PHP研究所

『生命を育む木の空間』
けん木れん(静岡県木材協同組合連合会)

『幸福を生む住まい——計画編[総論・各論]——』
冨田辰雄、(株)ホーミー住宅研究所

※本書は2012年に刊行された『幸せを呼ぶ「住まい」づくり』(アートデイズ)を、
加筆等、大幅に編集したものです。

本書でご紹介をしている「幸せを生む住まい」の教室に参加してみませんか？

● 日時:開催日要相談　①9:30～　②13:00～
参加人数とともに、希望日、希望時間を2日程ほど
お知らせください。
日程調整後、連絡させていただきます。

● 場所:クボデラ株式会社マルトミホーム事業部事務所
東京都大田区北千束2－3－2

● お申込み・お問い合わせ
電話:03－3788－1951
FAX:03－3788－1991
メール:sumai@marutomihome.jp

教室に参加されたからと言って、「訪問営業」「電話営業」は一切行っておりません。それは、教室が「幸せを生む住まい」を伝える活動だからです。また、家づくりは、お客様のペースで、ゆっくり進めていくのが、一番良い方法だと考えているからです。具体的なお話がない方、すでに建てられた方でもけっこうです。そのような方も参加されています。

著者紹介

窪寺伸浩（くぼでら・のぶひろ）

クボデラ株式会社代表取締役社長
昭和36年東京都生まれ。東洋大学文学部卒。昭和21年創業の老舗木材問屋の三男として生まれ、台湾、中国等からの社寺用材の特殊材の輸入卸を行う。また、全国の志ある工務店、木材業者、設計士等によってつくられた「幸福（しあわせ）を生む住まいづくり」を提唱し、実践する環境研究グループ「ホーミースタディグループ」の中核メンバーでもある。一方で、神棚マイスターとして、神棚の販売を通じてどこの家でも見られなくなってきた神棚の大切さとその存在意義を普及する活動を行い、社寺用材の納入、神棚セットの販売などを行っているほか、さまざまな企業の朝礼で神棚の祀り方などをアドバイスしている。東京都神社庁御用達。東京都神棚神具事業協同組合理事長。
著書に『なぜ成功する人は神棚と神社を大切にするのか？』（あさ出版）など。
クボデラは、2017年に東京証券取引所 TOKYO PRO Market 上場。マルトミホーム事業部では、自然素材・無垢材にこだわった家づくりを40年にわたって行っている。

マルトミホーム　検索

●クボデラ株式会社
http://corp.kubodera.jp/
●しあわせを生む住まい「マルトミホーム」
http://marutomihome.jp/
●ホーミースタディグループ
http://www.homyhome.jp/

いい住《す》まいは「間取《まど》り」と「素材《そざい》」で決《き》まる　〈検印省略〉

2018年　5　月　18　日　第　1　刷発行

著　者――窪寺　伸浩（くぼでら・のぶひろ）
発行者――佐藤　和夫

発行所――株式会社あさ出版
〒171-0022　東京都豊島区南池袋 2-9-9 第一池袋ホワイトビル 6F
電　話　03（3983）3225（販売）
　　　　03（3983）3227（編集）
F A X　03（3983）3226
U R L　http://www.asa21.com/
E-mail　info@asa21.com
振　替　00160-1-720619

印刷・製本　文唱堂印刷株式会社
乱丁本・落丁本はお取替え致します。

facebook　http://www.facebook.com/asapublishing
twitter　http://twitter.com/asapublishing

ISBN978-4-86667-066-9 C0030

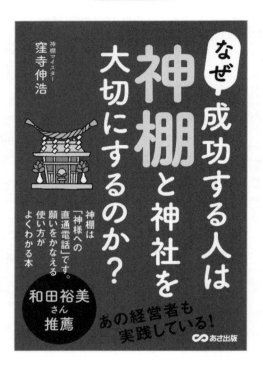